✶ E 1070

Traduit par d'Alègre
~~par~~ d'après Guérard

GULISTAN
ou
L'EMPIRE
DES ROSES.

A PARIS,

Chez
- la Veuve de CLAUDE BARBIN, au Palais, sur le second Perron de la Sainte Chapelle.
- la Veuve de DANIEL HORTEMELS, rue S. Jacque, au Mécénas.
- NICOLAS LE CLERC, rue S. Jacque, proche S. Yves, à l'Image S. Lambert.
- MICHEL BRUNET, dans la grande Salle du Palais, au Mercure Galant.
- PIERRE RIBOU, Quay des Augustins, à l'Image S. Louis.

ET

JACQUE QUILLAU, Imp. Jur. Lib. de l'Un. rue Galande, proche la rue du Fouare.

GULISTAN
OU
L'EMPIRE
DES ROSES,

Traité des MOEURS DES ROIS,
composé par MUSLADINI SAADI,
Prince des Poëtes Persiens.

TRADUIT DU PERSAN

Par M. ***

A PARIS,
Par la Compagnie des Libraires.

MDCCIV.

Avec Approbation & Privilege.

AVERTISSEMENT.

CE Livre eſt rempli d'évenemens ; les Hiſtoires ne s'y preſentent gueres ſans moralitez : on y conſerve preſque toûjours les Dictions des Perſans, des Arabes, & des Turcs : on n'oſte rien à leurs penſées de ce qui peut les affoiblir.

Je me ſerois peut-être moins ataché à les rendre telles qu'elles ſont ; mais

AVERTISSEMENT.

J'ai suivi les conseils des hommes éclairez & sçavans, ils m'ont dit: Pourquoi voudriez-vous asservir le genie des Orientaux à nos goûts & à nos usages?

Que Saadi, que les diferens Auteurs dont vous tirez vos augmentations historiques pensent & s'expriment, comme ils pensoient, comme ils s'exprimoient à Chiras, à Bagdet, à Burse, à Fez : dés qu'ils se font entendre, cela ne suffit-il pas ? la diversité des esprits & des langues n'a-t-elle pas ses beautez & ses ornemens?

AVERTISSEMENT.

Ces raiſons ont fait plier les miennes.

La Biblioteque Orientale du celebre, du ſçavant Monſieur d'Herbelot, m'a donné des éclairciſſemens & des faits que Saadi & les autres Hiſtoriens ne me donnoient pas aſſez.

On ne ſçauroit trop lire le Livre de ce grand Homme d'érudition, & de bonnes mœurs; on y trouve de tout.

Les autres Traitez du Guliſtan, ou de l'Empire des Roſes contiennent pluſieurs Hiſtoires; elles ont reſque toutes leur morale.

viij AVERTISSEMENT.

Quelques Poesies Persienes, Arabiques & Turques les finissent.

LA VIE DE SAADI.

SAADI passe pour le plus celebre Auteur des Persans : il est né à Chiras, Capitale de Perse, l'an de l'Egire de Mahomet cinq cens septante & un, & la même année que Saladin assiegea le jeune Sultan Ismael dans Alep. Il vivoit en Dervis & en Solitaire, quoique sa vie se fût presque passée en voyages.

Dans le plus grand feu des

LA VIE

Croisades, que le zele de la Religion avoit allumé, il se retira dans les deserts de Jerusalem : on l'y fit Esclave, & il travailla quelque tems aux terre-plains de Tripoly, dont les Francs s'étoient rendus Maîtres.

Un Marchand d'Alep, qui le connoissoit, le racheta dix dinars d'or, lui en donna cent autre, & lui fit épouser sa fille, dont il reçut tant de chagrin, que les marques en paroissent dans ce Livre, qu'il apelle GULISTAN, qui signifie en Langue Persiene JARDIN DE ROSES, & qu'il fit en prose & en vers l'an six cens cinquante-six de l'Egire.

Dans le tems de sa jeunesse, & qu'il voyageoit en habit de Dervis, il se trouva dans le bain avec un fameux Poete, qu'on apelloit Heman : ils se parlerent sans se connoître.

Heman sçut de Saadi qu'il étoit de Chiras. Heman lui dit qu'il étoit de Tauris : il voulut le railler sur sa teste chauve, lui montra une tasse renversée, & lui dit : D'où vient que ceux de Chiras ont la tête faite comme cette tasse ?

Saadi lui fit voir le creux de la siene, & lui répondit : D'où vient que ceux de Tauris ont la teste faite ainsi ?

Tous deux sortis du bain, Heman s'informa de Saadi

s'il ne sçavoit pas quelques vers nouveaux de Saadi, il en dit quelques uns.

Heman lui demanda si les vers d'Heman étoient en quelque estime à Chiras.

Saadi lui répondit par ces vers qu'Heman avoit faits ; en voici le sens.

Heman pourquoi ce voile entre ce que j'aime & moi ?

Mais il est tems que je l'ôte pour jouir pleinement de sa vûe.

A la maniere dont il dit ces vers, Heman devina qu'il ne pouvoit être que le fameux Saadi qu'il aimoit sans le connoître.

Saadi a fait encore plusieurs

DE SAADI.

Ouvrages, entr'autres un qu'il nomme Boſtan, qui veut dire JARDIN DE FRUITS: il eſt en vers Perſiens, mêlé de Morale, de Politique, & d'Hiſtoires.

Le Boſtan & le Guliſtan ſont ſi conus dans tout l'Orient, qu'ils ont été traduits en diverſes Langues, & les grands Auteurs conviennent que les Ouvrages de Saadi ont un merite qu'on ne ſçauroit trop louer.

On croit qu'Heman a fait cet éloge de Saadi.

La memoire de Saadi eſt heureuſe, elle eſt chere aux Rois, aux Grands, aux Peuples: la voix des paroles de Saadi eſt étendue par toute la terre, ses preceptes sont utiles, prévenans ; & toutes les regions du monde ont admiré la perfection de son éloquence & de sa doctrine.

Aboubacre le grand Roy de Perse, estime son sçavoir & sa vertu. Tout est moral, tout est élevé dans son Gulistan : Vous qui le lirez, suivez, aimez-en les preceptes ; & toutes les vertus qu'il contient vous seront communiquées.

Saadi eut une heureuse vieillesse, fut aimé d'Aboubacre, Roy de Perse, & mourut à six vingts ans, de l'Egire six cens nonante & un, & de nôtre salut mil trois cens onze.

Fin de la Vie de Saadi.

PREFACE,
DE
SAADI.

LOUANGE éternelle soit donnée au grand, au seul Dieu, au Souverain Estre, par qui nous sommes.

L'obéissance à ses commandemens forme notre union avec lui.

A lui seul que toute louange soit donnée, que

le pur amour nous éleve à lui.

O posterité de David, obéissez, aimez : mais que peu de mes creatures sont reconnoissantes.

C'est assez qu'on porte l'excuse de ses défauts aux pieds du Trône de sa divine Majesté.

Qui peut dignement exprimer & reconnoître les bienfaits de Dieu?

La rosée de sa misericorde infinie est tombée sur tout le monde, & la table de ses graces s'étend par toute la terre.

Pour une faute il ne châtie point.

Pour un crime il ne retranche point le soutien de la vie.

O Dieu liberal, qui tire de tes tréſors profonds, le vivre des Adorateurs du Feu & des Idoles!

Non, tu n'abandonneras point qui n'adore que Toi, Toi qui prens ſoin de tes ennemis.

Les vents de l'Aurore ont été commandez pour étendre ſon lit émaillé de diverſes couleurs.

Les nuées du Printemps

ont ordre de nourir les plantes dans le fein de la terre : les arbres de fe revêtir de leurs feuilles vertes, & leurs branches, de fe couronner de fleurs.

Dieu commande, tout obéit, tout fe fait : les Nuages, le Vent, la Lune, le Soleil, le Ciel, tout eft en mouvement pour toi.

Ces caufes infenfibles obéiffent à ce que Dieu leur commande pour toi, deviens donc atentif à reconoître tant de faveurs : peux-tu ne pas aimer fa bonté ?

Lorsque les hommes pechent, il détourne sa face de leurs pechez, & les plus dévouez à Dieu confessent qu'ils ne peuvent l'adorer assez.

Demande-t'on quel est son estre? que peut répondre un muet, un ignorant?

Un Sage se plongea un jour dans ce grand sujet: revenu à lui, son ami lui demanda quel agreable present il avoit aporté du jardin d'où il venoit.

Le pan de ma robe étoit plein de roses pour vous, pour mes autres amis, répondit-il : mais ravi, transporté par l'odeur, le pan de ma robe m'est échapé des mains.

L'objet aimé cause souvent la mort : Qui brûle le papillon ? l'amour de la lumiere.

Nous nous perdons dans la recherche des secrets de Dieu : les plus curieux en sont les plus ignorans.

Qui croit avoir fait quelque progrés dans cette haute science, n'en sçait peut-être pas plus que le commun des hommes.

Quelle science n'est pas

bornée, furtout à l'égard de Dieu ? Comment en ont parlé les plus Sçavans, les plus Sages ? par parabole, par exemple, par lecture, par étude.

A peine commençoient-ils à croire qu'ils entrevoyoient dans la connoissance du Souverain Estre & de ses éfets, que la mort les a surpris.

PREFACE.

A LA MEMOIRE des Vertus du Roy des Mahometans, que son Regne soit éternel.

LE nom de Saadi s'est rendu celebre par toute la terre; mais cette haute estime n'est point dûe à son sçavoir & à son éloquence : c'est au Dominateur de tout le monde, au successeur de Salomon, Mussafer-Eddin, Aboubacre, fils de Saad, fils de Sengi, ombre du Dieu suprême.

PREFACE. xxiij

O grand ! ô souverain Dieu, répands tes bienfaits sur lui; il les répand sur les moindres de ses Sujets.

Moi Saadi ! moi, de quelle glorieuse bienveillance ne m'a-t-il point honoré ?

Est-il étonant si à l'exemple d'un grand Roy, tous les Grands, tous les Peuples aiment Saadi. Tous les Grands, tous les Peuples ne se forment-ils pas sur le modelle du Prince ?

Quoique je sois rempli de mille défauts depuis que ses regards favorables se tournent vers moi, mes vestiges sont plus brillans que les chemins de l'astre du jour.

PARABOLE

J'étois un jour dans le bain; une terre odorante, d'une main aimée passa dans la miene.

Je lui dis: Es-tu le musc, es-tu l'ambre?

Elle me répondit: Je ne suis qu'une terre commune.

Mais j'ai eu quelque liaison avec la rose.

Sa vertu bien-faisante m'a penetré: sans elle je serois encore la même terre.

PREFACE.

O grand Dieu éleve ses amis, prosterne ses envieux & ses ennemis, protege ses étendars, affermis la felicité de ses Etats, prolonge sa vie plus que la nôtre.

Que le Rejetton qui vient de naître, & dont il est la tige, croisse & lui ressemble.

La semence des herbes précieuses mise en bonne terre les fait venir plus excelentes.

Sçai-tu pourquoi j'ai parcouru si longtems les climats étrangers?

Pour me dérober à la fureur des Turcs, hommes

PREFACE.

d'une generation plus inexorable que celle des loups aux troupeaux.

Dans la ville ils avoient les mœurs des bons Anges: hors des murs, ennemis de tous, & plus cruels que les lions & que les tigres des deserts.

Sçai-tu qu'un jour je contai avec mon âge, & avec moi? Quel tems n'ai-je point perdu? un tems qu'on ne retrouve jamais. Chaque moment diminue la vie: aux jours passez on doit connoître ce qui reste à vivre.

PREFACE.

Quelle honte, quelle erreur de se croire au monde pour toujours.

Le monde n'est qu'un lieu emprunté, il faut y marquer son séjour par des vertus qui puissent devenir immortelles : le marquer dés qu'on arrive, & ne pas attendre qu'on en parte.

Quelques uns ont bâti des Palais, ils les ont laissé au pouvoir d'autrui. D'autres en ont commencé, ils sont encore imparfaits.

Tous les hommes sont bons ou mauvais, heureux ou malheureux, nous vivons, nous mourons avec eux.

Les plus sages ne connoissent que la vertu active, elle agit encore aprés eux, elle conserve leur vie, & défend leur memoire contre l'outrage des temps.

La vie a ses bornes, on ne les passe point.

Pense donc à laisser quelque souvenir de toi : si ta propre vertu n'en laisse, qui chargera la posterité de ton nom ?

L'âge est comme la neige qui fond au Soleil.

Je fis toutes ces reflexions, & pour commencer à m'en

PREFACE. xxix

servir, je resolus de me retirer dans un lieu solitaire, pour me venger de mes défauts, pour me punir mieux de mes fautes, & pour me dérober aux chagrins du monde, & aux vains & médisans discours dont on y fait un si grand & si honteux commerce.

Les Aveugles, les Muets, les Sourds dans la retraite, sont plus heureux que vous, grands Eléves de la Cour des Rois. Vous voudriez tout voir, tout entendre, & vous ne sçauriez vous faire un silence.

Je partois pour le desert, lorsqu'un de mes amis vint me voir : il me tint, selon sa coutume je ne sçai combien de propos agreables mêlez d'ingenieuses railleries : je n'y répondis que par mon silence ; contraint de parler je lui dis mon dessein; il me jura qu'il ne me quiteroit point si je ne parlois, si je ne vivois avec lui comme autrefois.

La langue de l'homme ressemble à la clef d'un trésor, me dit-il, tant que la porte en est fermée, qui peut sçavoir s'il est de pierres précieuses, ou de cailloux?

La prudence veut qu'on se taise devant les sages: il n'est permis qu'à l'ignorance & à la stupidité de se taire quand il faut parler.

Rien, continua-t-il, ne marque plus le trouble de l'esprit de l'homme que le silence lorsque le parler est requis, & le parler quand il faut garder le silence.

Gagné, séduit par son discours, je quitai mon dessein de retraite, & j'acompagnai mon séducteur dans un jardin, où mille différens oiseaux chantoient à l'envi: mais le Rossignol, ce grand maître des chants, les contraignoit de se taire. Quelles douleurs ne suspend pas, ou n'adoucit pas le charme de sa voix ?

Ce jardin étoit émaillé des plus belles, des plus vives, des plus riantes fleurs.

On voyoit ses arbres chargez de divers fruits, & l'haleine des Zephirs y portoit partout le parfum des fleurs & des fruits.

La terre y ressembloit au lit que Bocolmon presenta

PREFACE.

au sage Salomon.

Le beau lieu, rien n'y paroissoit fâcheux que la pensée d'en sortir.

Les diverses fleurs que mon ami cueilloit me fit penser à d'autres fleurs, & je lui dis : Les roses & les autres fleurs passent, le plaisir qu'elles donnent finit avec elles : atachons-nous, unissons-nous au solide

Je veux composer un Livre : je veux essayer qu'il puisse être agreable, utile.

Je le nommerai GULISTAN ou L'EMPIRE DES ROSES, s'il resiste aux inconstances des saisons, il ne changeroit pas ses fleurs pour les plus rares fruits des automnes.

Mon ami, & le Maître du Jardin me prierent, me presserent tant de penser à mon Livre, & de le faire, qu'il fut achevé avant la fin des Roses.

Je sçai qu'il est difficile de penser & de parler si bien, qu'on ne puisse penser & parler mieux ; & je ne doute pas que cet Ouvrage n'ait des Censeurs.

Peut-être se préparent-ils bien plus à médire des actions & des moralitez, que j'expose à la vûe de tout le monde, qu'à les retenir pour en profiter.

Mais ils ne doivent pas s'offenser si je leur dis, que s'ils mettent plus d'humeur, que de raison dans ce qu'ils censurent, ils persuaderont que c'est eux-mêmes qu'il faut censurer : En voici un exemple.

BUSURGEM.

Es Ambassadeurs des Indes aprés avoir traité des plus importantes affaires avec Busurgem, grand Visir de Nouschirvan, Roi de Perse, dirent que ce Visir n'avoit de défauts que de parler trop lentement, & de faire trop attendre ses réponses.

Il le sçut, & repartit, qu'il aimoit mieux penser à ce qu'il devoit dire, que de se repentir de ce qu'il avoit dit.

Les bêtes sont préferables aux hommes qui parlent sans raison, surtout en presence des Rois & des grands Hommes.

Qui vous a donné les premieres leçons de sagesse consommée qu'on remarque en vous, disoient les Sages à Locman?

Les Aveugles, répondit-il, lesquels s'assurent du terrain avant que d'y mettre le pied.

N'entre point dans un lieu que tu ne sçache comme tu en sortiras.

Quoiqu'on ne doive pas vendre l'ambre faux, où il

ne se vend que des perles, je ne me croirai pas sans mérite, si ce Livre peut plaire au grand Monarque Aboubacre le plus grand Prince que le Soleil ait éclairé : Aboubacre victorieux, protecteur de la vertu & de la Religion.

Que peut craindre le Royaume de Perse, Aboubacre y regne, sa Cour est le refuge des oprimez, l'asile des Grands & des Illustres Malheureux?

Grand Dieu, Createur de l'Univers, donne à ce Prince des récompenses dignes de lui, dignes de Toi.

PREFACE. xxxix

Préserve ses Etats des moindres troubles tant que la terre & les eaux subsisteront.

J'ai mis l'Empire des Roses sous la protection de ce grand Roy dans le dessein de laisser quelque memoire de Gulistan, & s'il se peut quelque souvenir de Saadi.

Ce Livre est un tissu de prose & de vers, il est historique & moral, rempli de Dits, de Faits dignes de memoire; de graves, d'interessantes Sentences, d'Institutions d'anciens Rois, & de quelques exemples des grandes

PREFACE.

vertus qui forment les belles vies.

O souverain Dieu, protege les bons conseils de Gulistan, ils viennent de Toi.

LES TRAITEZ
que contient le Gulistan.

Le premier,
DES MOEURS DES ROIS.

Le second,
DES MOEURS DES DERVIS.

Le troisiéme,
DE LA CONTINENCE.

Le quatriéme,
DE L'UTILITÉ
DU SILENCE.

Le cinquiéme,
DE L'INFIRMITÉ
DE LA VIEILLESSE.

Le sixiéme,
DE LA NOURITURE
ET DE L'INSTRUCTION.

Le septiéme,
ENTRETIENS SUR
LES VERTUS, SENTEN-
CES, PROVERBES.

Fin de la Preface de Saadi, Prince
des Poetes Persiens.

APROBATION
DE MONSIEUR
DE FONTENELLE.

J'Ai lû par ordre de Monseigneur le Chancelier le GULISTAN, & j'ai cru que le Public verroit avec plaisir & peut-être avec quelque utilité, cet échantillon de la ~~Morale~~ & de la Poesie des ~~Arabes~~. Fait à Paris ce 17 juillet 1704.

FONTENELLE.

PRIVILEGE DU ROY.

LOUIS par la grace de Dieu Roy de France & de Navarre, à nos Amez & Feaux Conseillers, les Gens tenans nos Cours de Parlement, Maîtres des Requêtes ordinaires de notre Hôtel, Grand Conseil, Prevôt de Paris, Baillifs, Sénéchaux, leurs Lieutenans Civils & autres nos Justiciers qu'il appartiendra; SALUT. Le Sieur * * * nous ayant fait exposer, qu'il désiroit faire imprimer un livre intitulé GULISTAN ou L'EMPIRE DES ROSES, composé par Musladini Saadi, Prince des Poetes Persiens, & traduit en François, s'il nous plaisoit lui accorder nos Lettres de Privilege sur ce necessaires; Nous avons permis & permettons par ces Presentes audit Sieur * * * de faire imprimer ledit Livre, en telle forme, marge, caractere, & autant de fois que bon lui semblera, & de le faire vendre par tout notre Royaume, pendant le temps de dix années consécutives, à compter du jour de la date desd. Presentes, Faisant défenses à toutes Persones de quelque qualité & condition qu'elles soient, d'en introduire d'impression étrangere dans aucun lieu de notre obéissance, & à tous Imprimeurs, Libraires & autres, d'imprimer, faire imprimer & contrefaire ledit Livre sans la permission expresse & par écrit dudit Sieur Exposant, ou de ceux qui auront droit de lui, à peine de confiscation des Exemplaires contrefaits, de quinze cens livres d'amende contre chacun des Contrevenans, dont un tiers à Nous, un tiers à l'Hôtel-Dieu de Paris, l'autre tiers audit Sieur Exposant, & de tous dépens, domages & interefts ; à la charge que ces Prefentes feront enregiftrées tout au long fur le Regiftre de la Communauté des Imprimeurs & Libraires de Paris, & ce dans trois mois de la date d'icelles, que l'impreffion dudit Livre fera faite dans notre Royaume & non ailleurs, & ce en bon papier & beaux caracteres, conformement aux Reglemens de la Librairie, & qu'avant de l'expofer en vente il en fera mis deux Exemplaires dans notre Bibliotheque publique, un dans celle de notre Château du Louvre, & un dans celle de notre tres-cher & Feal Chevalier, Chancelier de France le Sieur Phelyppeaux, Comte de Pontchartrain, Commandeur de nos Ordres, le tout à peine de nullité des Prefentes, du contenu defquelles vous mandons & enjoignons de faire jouir ledit Sieur Expofant & fes ayans caufe, pleinement & paifiblement sans soufrir qu'il leur soit fait aucun trouble ou empêchement: Voulons que la copie desdites Presentes qui sera imprimée au commencement ou à la fin dudit Livre, soit tenue pour dûement signifiée, & qu'aux Copies collationnées par l'un de nos Amez & Feaux Conseillers & Secretaires, foi soit ajoutée comme à l'Original. Commandons au premier notre Huissier ou Sergent, de faire pour l'execution d'icelles tous actes requis & necessaires, sans autre permission, & nonobstant clameur de Haro, Chartre Normande & Lettres à ce contraires ; Car tel est notre plaisir. Donné à Versailles le 31. d'Aoust l'an de grace 1704. & de notre Regne le 62. Par le Roy en son Conseil. LE COMTE.

Registré sur le Livre de la Communauté des Imprimeurs & Libraires de Paris, conformement aux Reglemens, & notamment à l'Arrest du Conseil du 17 Aoust 1703. A Paris ce 3 septembre 1704. signé P. A. LE MERCIER

GULISTAN

OU

L'EMPIRE DES ROSES

COMPOSÉ PAR SAADI

PRINCE DES POETES PERSIENS,

Traduit du Persan.

Traité des Mœurs des Rois & des Caliphes.

CHAPITRE I.

LE grand exemple de moderation, & de justice à suivre, que celui d'un

A

Roy mal informé de l'innocence d'un de ses Sujets : il commanda qu'on le fit mourir. Ce malheureux entendit ce commandement.

Son desespoir lui fit dire des injures au Roi, que n'ose pas dire un malheureux, desesperé.

Le Roy voulut sçavoir de son premier Visir ce qu'il avoit dit.

Que Dieu pardonne à ceux qui surmontent leur colere, Grand Roy, répondit-il. La réponse du Visir toucha le Roy: il fit grace à ce malheureux.

Un autre Visir, ennemi du premier, dit : Il n'est pas permis à ceux de notre Nation, de mentir en presence du Roy, & au Roy : Cet homme a dit mille injures à ta Hautesse, il merite la mort.

Le Roi lui répondit, son mensonge m'est plus agréable que ta verité.

Son mensonge est suivi d'un bien, & ta verité seroit suivie d'un mal.

Je prefere un mensonge profitable & pacifique, à une verité nuisible & pernicieuse.

Malheur au Visir à qui le Roy se confie, s'il parle mal, il doit toujours se porter au bien, & ne jamais négliger d'en faire.

ERIDOUN Roy de Perse, fit graver cette inscription sur la porte de son Palais.

Qui que tu sois, ne te confie qu'en Dieu, & donne toi tout à lui.

Ne conte sur la puissance ni sur les richesses d'ici bas.

Le monde en a élevé plusieurs comme toi; le monde les a fait périr.

Qu'importe à un grand homme, homme de bien, prest à perdre la vie, de mourir sur le trône ou dans la boue.

Ce Prince avoit un fond de clemence & de sagesse, que peu

de Princes ont eu, il laissa ce conseil à ses enfans.

Souvenez-vous, pour ne l'oublier jamais, que tous les jours de votre Regne sont autant de feuillets du livre de votre vie, n'écrivez rien dans ce livre qui ne soit digne de la posterité.

CENT ans aprés la mort du Sultan Mamoud Sebectegin, le Roy de Khorassan, un de ses successeurs, le vid en songe les yeux tournez vers son Palais. Tous les Docteurs consultez sur ce songe ne purent l'expliquer.

Un simple Religieux Dervis crut l'entendre, & dit au Roy, que son prédecesseur regardoit comme ses Etats changeoient de Maître, & tomboient sous le pouvoir d'autrui, à cause de son injustice.

Que de Grands sous la terre dont la memoire s'est perduë. Mais le souvenir du juste

Noufchirvan, n'eft pas éteint.

Dans le temps du féjour qu'on fait dans la vie, il faut fe donner de bonnes mœurs & les garder.

On ne peut en avoir trop, ni commencer trop toft à fe foûmettre à Dieu.

Le fervez-vous par le cœur en ce monde, que de biens vous amaffez pour l'autre!

Vivons donc, pour ne jamais mourir, & vivons avant que cette voix s'entende. Il n'eft plus.

ENTRE plusieurs enfans bienfaits, qu'eut un Roy de Perse, il s'en trouva un qui ne l'étoit pas.

Le Roy son pere le regardoit un jour avec quelque sorte de mépris, il s'en apperçut:

Seigneur, lui dit-il, un petit homme sage, vaut mieux qu'un grand imbecile.

Dieu a préferé le petit Mont de Sion aux grandes Montagnes.

Le Roy soûrit, & les Courtisans louerent son esprit & sa prudence ; ces louanges déplurent à ses freres.

Qui parle, fait connoître

son merite ou ses défauts : qui se taist cache l'un & l'autre.

Un petit bocage n'est pas toujours dépourvu de Gibier, le Leopard y peut estre endormi.

Le Roy fut attaqué par d'autres Rois, les deux armées en presence, le petit Prince marcha le premier aux ennemis, & dit : Je ne serai pas de ceux dont on ne parlera pas à la bataille.

Qui combat n'expose, ne hazarde que lui.

Qui fuit, expose, hazarde ses compagnons.

Il chargea la premiere troupe avec tant d'intrepidité, qu'il la fit plier, la rompit & la mit en fuite.

Au commencement de l'action, le Soldat paroissoit effrayé du grand nombre d'ennemis, il le rassura par sa fermeté, l'anima, l'encouragea par sa valeur, & le gain de la bataille fut le prix de mille perils où il se jetta.

A son retour, le Roy son pere le reçut avec toutes les expressions de joye & de tendresse qu'un fils peut meriter d'un pere, par la gloire qu'il venoit d'acquerir, & lui donna la Lieutenance Generale de tous ses Etats.

Les Princes ses freres, envieux de sa gloire & de son élevation, résolurent de le perdre.

Le poison destiné pour lui fut découvert par une de ses sœurs qui l'en avertit dans le temps qu'il se mettoit à table, il en sortit sans manger, & dit hautement :

Nous sommes dans un temps où le merite passe pour crime, & le crime pour merite.

Cependant on ne se met point à couvert sous les aisles des hibous, que dans les endroits où il ne se trouve point d'oiseaux de Paradis.

Le Roy apprit cette conspiration, & malgré l'horreur qu'il en eut, il n'imagina point d'autre temperamment que de partager ses Etats à tous ses enfans.

Le succés de ce dessein fut heureux, il éteignit toute sorte de haine entre ses heritiers.

Dix pauvres Dervis peuvent coucher sous même toit.

Deux Rois ne peuvent demeurer dans un même Royaume.

UNE troupe de voleurs Arabes s'étoit fortifiée sur le haut d'une montagne, leurs vols & la crainte qu'on avoit d'eux, rendoient deserts les lieux d'alentour.

Ils étoient d'autant plus redoutables, & la terreur des peuples d'autant plus generale, qu'un grand détachement des Troupes du Roy les attaqua, & fut presque tout taillé en pieces.

Les Visirs assemblez sur la nouvelle de cette défaite, convinrent qu'on ne pouvoit assez tost aller à eux, & que tout commencement de revolte négligé, devenoit souvent difficile à éteindre.

L'arbre nouvellement planté s'arrache sans peine: a-t-il pris racine, on ne peut l'ébranler.

Avec un peu de terre on arrête une riviere à sa source: est-elle débordée, à peine la passe-t-on sur un Elephant.

Avec toute la diligence possible on joignit ces voleurs Arabes, ils furent presque tous tuez; ceux qu'on prit, menez devant le Roy, & condamnez à la mort.

Un des Visirs apperçut entr'eux un jeune enfant tres-beau, tres-bien fait.

Il baisa le pied du trône

Royal, & dit : Grand Roy, ce jeune enfant n'a pas encore goûté du fruit de la vigne de vie, il ignore ce que vaut le prix de la jeuneſſe, je ſupplie ta Hauteſſe de lui faire grace, & que ton Eſclave doive cette obligation à ta clemence.

Le Roy répondit : Le méchant naturel ne ſçauroit devenir bon, en couper le tronc, en extirper la racine, eſt le plus ſeur.

Tuer les ſerpens, en laiſſer vivre les petits, un homme ſage ne le doit pas faire.

Le commerce des méchans nous peut rendre comme eux.

Ce que dit ta Hauteſſe, repartit le Visir, est tres-veritable ; mais à son âge, est-on formé au vice & au crime ?

J'espere que nourri parmi nous il sera homme de bien, nous naissons tous gens de bien, nos parens nous donnent telle teinture de mœurs que bon leur semble.

Nous sommes tous Idolâtres, Juifs, Turcs, Chrétiens, avant que nôtre raison soit née.

Je lui pardonne, répondit le Roi, contre mon devoir & contre mon inclination.

Les méchans ne sont jamais foibles, on passe un fleuve à sa source : est-on éloigné d'elle, il entraîne les mulets, les chameaux, & leurs charges.

La grace de cet enfant obtenue par le Viſir, il lui fit donner une éducation qui réuſſit, bien fait, aimable, attentif à plaire, conſommé dans l'étude & dans la connoiſſance des bonnes Lettres: le Viſir en dit mille biens au Roi, qui lui dit en ſoûriant: Le fils d'un loup fera toujours un loup, quoique nourri avec des hommes.

Quelques années aprés, il ſe jetta dans une troupe de Rebelles dont il devint le chef, & par ſon ordre, ou par lui-même, le Viſir ſon bienfaicteur & ſes enfans furent aſſaſſinez, & toutes ſes richeſſes en proye

B

à la plus perfide de toutes les cruautez.

La nourriture ne rendra jamais humain celui que la nature a rendu feroce.

Les fleurs croissent dans les bonnes terres, les chardons dans les mauvaises.

Il ne faut pas employer en vain son travail & sa peine.

Faire du bien aux méchans, est aussi dangereux que de faire du mal aux bons.

J'AI vû à la porte du Palais un Homme de qualité tout en pleurs, il étoit un des plus sages de notre siécle, & la faveur d'un grand Roy n'a guéres fait briller de vertu plus solide que la sienne.

Quelquefois la prosperité a moins de flateurs que d'ennemis.

On avoit accusé ce Favori de tant de crimes, qu'il n'auroit peut-être eu que des larmes pour se justifier, si le Roy qui l'aimoit, qui le connoissoit, & dont on offensoit le choix, n'eût voulu sçavoir la cause de tant de haine pour lui. Puiſſant Monarque, lui dit-il, à l'ombre de ta Hauteſſe, j'ai rendu tout le monde content.

Pour les envieux qui ne pouvoient être ſatisfaits que par ma ruïne, c'eſt à toi à prononcer ce que je ſuis, & ce qu'ils ſont. Le Roi lui répondit:

Les méchans, les malheureux ſe font une paſſion vive & durable du deſir de perdre ceux que la fortune regarde pour les aimer, & ne peuvent ſuporter l'éclat de la proſperité des bons. Fidelle, appliqué, prévoyant; & de plus, aimé, eſtimé de ton Maître, s'il eſt quelque grandeur où tu ne ſois pas encore arrivé : choisis à quelles dignitez tu veux que je t'éleve, pour mieux punir tes ennemis.

Si la chauvesouri ne peut regarder le Soleil, ce n'est pas la faute de ce bel Astre, il est plus important & plus juste que les yeux des insectes ne voyent jamais, que si le Soleil paroissoit un moment obscurci.

CHAPITRE II.

UN jeune homme qui n'avoit jamais vû la Mer étoit dans le vaisseau d'un Roy de Perse.

Effrayé de la crainte de perir, ses plaintes, ses pleurs, ses cris chagrinoient le Roi & ses Courtisans, & on n'imaginoit aucun moyen de le rassurer.

Le Medecin du Roy promit de l'appaiser & de le faire taire, si 'e Roy 'e vouloit: le Roi le voulut, & le Medecin ordonna de jetter ce pleureux dans la Mer.

Aprés qu'on l'eut plongé plusieurs fois, il le fit pendre par les cheveux, & le fit apporter au bord du vaisseau, où il s'attacha des pieds & des mains, & peu aprés monté sur le pont, il se mit dans un coin & ne dit plus mot.

Le Roy demanda au Medecin ce qu'il y avoit de surprenant en ce qu'il venoit de faire, il lui répondit :

Ce jeune homme n'a jamais vû noyer personne : il ne connoissoit pas ce que vaut le salut du vaisseau.

❦

Il en est de même de celui qui ne sçait pas ce que vaut la prosperité.

Qui n'a jamais été malheureux, n'en connoît jamais bien
tout le prix.

UN Roy Arabe avoit un mal incurable, c'étoit une extrême vieillesse; dans le desespoir où il étoit d'avoir si peu de tems à jouir de la vie, un Courier lui apporta la prise d'une place forte & la défaite de ses ennemis.

Cette nouvelle ne s'adresse point à moi, dit il, c'est à mes ennemis, j'entens mes successeurs ; tout ce que j'esperois m'arrive : mais quel avantage en reçois-je, & puis-je revoir les jours qui sont passez ? Ma fin approche, le desir de mes ennemis s'acomplit, j'entens mon heure.

Mes amis, j'ai vécu comme si je devois toujours vivre, ne vivez pas de même.

J'ETOIS un jour prés du tombeau du Prophete Jahia dans le Temple de Damas: un riche Prince Arabe, renommé par ses injustices, y vint faire sa priere & implorer le secours du Saint contre ses ennemis. Un pauvre Religieux Dervis qui étoit à la porte, lui parla ainsi:

Les plus riches sont quelquefois les plus indignes, fais-toi aimer de ton Peuple, tu ne craindras point tes ennemis.

L'impitoyable, s'il tombe, craint de ne trouver personne à lui tendre la main.

Les hommes sont membres les uns des autres, & tous creez de même matiere.

Si un membre est affligé, les autres s'en ressentent.

Qui n'est pas touché du mal d'autrui, ne merite pas d'être appellé homme.

J'Ai ouï dire qu'un Roy dormoit tout le jour, & passoit toute la nuit en débauche.

Il disoit même souvent qu'il n'avoit point de plus grand plaisir que celui d'être yvre, & qu'alors il ne pensoit ni en bien ni en mal.

Un Gueux couché tout nud, au milieu du chemin où le Roy passoit, entendit ce discours.

Seigneur, nous nous ressemblons tous deux, lui, dit-il. La réponse du Gueux plut tellement au Roy, qu'il lui jetta mille pieces d'argent, & lui envoya des habits.

Ce misérable mangea son argent au plus vîte, & revint à la Cour aussi gueux qu'auparavant.

L'argent ne peut demeurer entre les mains d'un Gueux, l'eau dans un crible, la patience dans le cœur des Amans.

Le Roy apprit son retour, & le fit chasser, & dit: Tout homme qui allume sa lampe en plein midi, est fou & n'a plus d'huile pour la nuit.

Il est vrai, grand Roy, répondit son Visir; mais il faut donner aux pauvres avec moderation, & non pas les chasser.

Un Roy ne doit pas contenter les hommes d'esperance, pour les rendre enſuite plus malheureux par le refus.

Un Prince ne peut pas empêcher qu'on lui demande: veut-il être ſuivi ? veut-il être aimé ? qu'il ſoit liberal.

Qui s'arrête dans les deſerts d'Arabie ? perſonne, il ne s'y trouve que de l'eau ſale.

Les hommes les animaux, tout s'arrête à l'eau douce.

La severité d'un Roy avare à ses Soldats fut punie par la perte d'une grande bataille, où ses troupes prirent la fuite, sans avoir presque attendu le combat, & abandonnerent le Roy, qui ne se sauva qu'à peine.

Avant d'être condamnez à la mort, ils furent interrogez sur la cause de leur fuite, & sur la plus deshonorante & la plus infame lâcheté qu'ils avoient eue d'abandonner le Roy.

Ils répondirent que depuis longtems on les avoit abandonnez eux-mêmes à tous les besoins pressans de la vie.

Un Roy avare aux gens de guerre, s'il est servi, n'est point servi d'une vive affection.

L'argent qu'on leur donne, est le prix de leur vie : est-il juste qu'ils manquent de tout ? de braves gens ont-ils de tout ? ils vont à la charge avec plus de fermeté.

Dans la paix, dans la guerre, au dedans, au dehors de son Royaume, un grand Roy doit répandre.

DANS mes voyages on m'apprit qu'un Roy des Indes en colere contre son premier Ministre, l'avoit privé de toutes ses Charges, & chassé de la Cour.

Ce Ministre disgracié se retira dans une maison de Religieux Dervis, pour y passer le reste de ses jours.

Quelque tems aprés le Roy le rappella pour le rétablir dans toutes ses dignitez; il les refusa: & pour toute raison de son refus, il dit que sa retraite lui avoit appris à connoître que le Sage estime plus le repos que les honneurs.

Que ceux qui sont retirez du monde sont à couvert du reproche des hommes, & ne doivent rien au monde.

Le Roy surpris d'une telle réponse, que peu de Ministres & de Favoris exilez font aux Rois qui les rappellent, lui dit assez irrité : Trouvez-moi donc quelqu'un assez éclairé, assez sage pour gouverner mes Etats.

Seigneur, lui répondit-il, tout homme éclairé & sage n'entreprendra jamais de gouverner que son esprit & son cœur.

PARABOLE.

On disoit au ~~Perce-oreille~~ *Sciachos*: Pourquoi es-tu en societé avec le Lion: Il répondit, afin que je puisse vivre des restes de sa proye & que sous l'ombre de sa puissance je n'aye point d'ennemis à craindre.

On repartit: Puisqu'il te protege, & que tes soins facilitent ses bien-faits tu devrois ne le pas perdre de vûe, tu ne fraperois peut-être pas en vain aux portes de la faveur.

Tu me donne un conseil d'ennemi, repliqua-t'il; plus je serois prés de lui, plus je serois à portée de sa fureur.

Le plus grand Adorateur du

PARABOLE.

On demandoit au Sciachos: D'où vient ta societé avec le Lion ? Il répondit : Je vis des restes de sa proye, sous l'ombre de sa puissance je n'ai point d'ennemis à craindre.

Puisqu'il te protege, lui-dit-on, & que tes soins facilitent ses bienfaits tu devrois ne le pas perdre de vue, tu ne fraperois peut-être pas en vain aux portes de la faveur.

Tu me donne un conseil d'ennemi, repliqua-t'il ; plus je serois prés de lui, plus je serois à portée de sa fureur.

Le plus grand Adorateur du

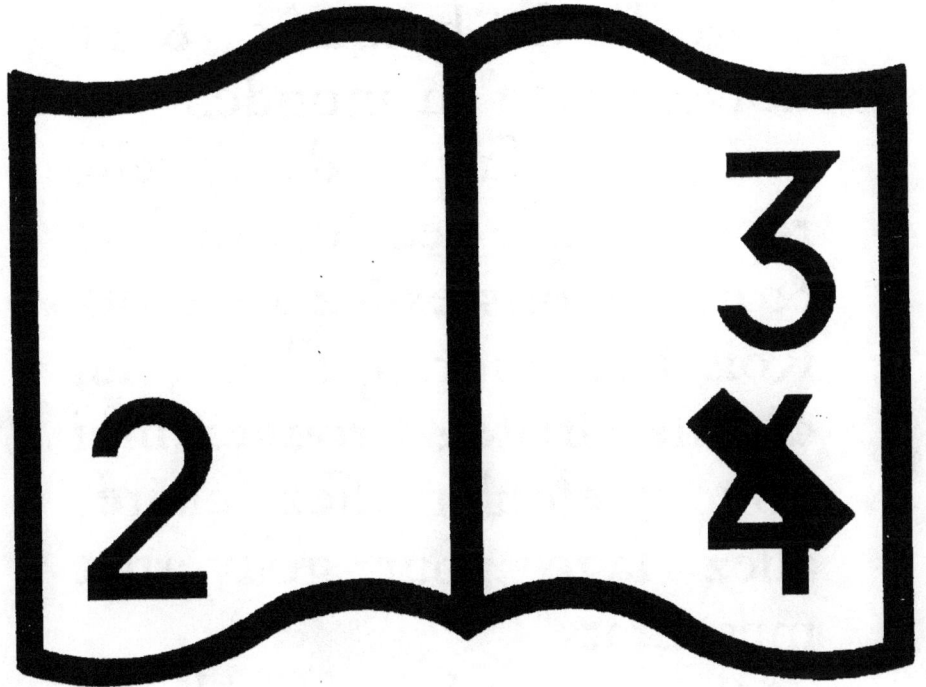

Pagination incorrecte — date incorrecte

Que ceux qui sont retirez du monde sont à couvert du reproche des hommes, & ne doivent rien au monde.

Le Roy surpris d'une telle réponse, que peu de Ministres & de Favoris exilez font aux Rois qui les rappellent, lui dit assez irrité : Trouvez-moi donc quelqu'un assez éclairé, assez sage pour gouverner mes Etats.

Seigneur, lui répondit-il, tout homme éclairé & sage n'entreprendra jamais de gouverner que son esprit & son cœur.

feu y tombe-t'il un moment, l'eût-il adoré toute sa vie, le feu brûle son Adorateur.

Souvent les Favoris sont vêtus de drap d'or le matin, & le soir ont la teste tranchée.

Quel soin ? quel attention ne faut-il pas pour comprendre le naturel des Princes & pour s'y faire?

Quelquefois on les offense quand on s'empresse, ou qu'on se relâche.

On dit qu'il est honorable aux Favoris d'être splendides; mais c'est une honte aux Sages.

Il faut chercher en soi-même son propre contentement, & laisser l'éclat & la magnificence aux Favoris.

✱✤✱✤✱✤✱✤✱✤✱✤✱✤✱✤✱✤✱✤✱✤✱✤✱✤✱

Moïse fils du Caliphe Abdelmelec, fit mourir en prison un Egyptien, ami d'Aboulaina Docteur tres celebre, & donna ordre de publier qu'il s'étoit évadé.

Quelqu'un voulut sçavoir d'Aboulaina ce qu'étoit devenu son ami.

Il répondit par un passage de l'histoire de Moïse le Legislateur, où il est parlé de l'Egyptien qu'il tua.

Moïse le frapa, & il en mourut.

Le Prince Moïse sçut ce qu'avoit dit Aboulaina, le fit

venir, & le menaça d'un rude châtiment s'il ne se taisoit.

Aboulaina, sans s'étonner, lui repartit ce qui suit dans le même endroit de l'histoire de Moïse.

Voulez-vous me tuer aujourd'hui comme vous tuâtes hier l'Egyptien.

Le Prince trouva cette réponse si à propos qu'il lui pardonna.

※

Ce Docteur étoit fort pauvre il se montroit tous les jours au Visir Ismael.

Sa fille d'une beauté exquise & d'un esprit élevé, lui dit : Mon pere, vous allez tous les jours chez le Visir, ne lui parlez-vous jamais de vos besoins ? Je lui en parle assez, répondit le pere : mais il ne m'écoute pas.

Mais ne voit-il pas votre pauvreté, repartit-elle ?

Il ne me regarde pas, comment la verroit-il ?

La fille lui cita ce passage contre les Idoles.

Ne servez pas ce qui n'entend pas, ce qui ne voit pas, & ce qui ne vous apporte aucun profit.

UN de mes compagnons se plaignoit un jour à moy, de ce qu'il étoit pauvre & chargé d'une grande famille.

Il paroissoit résolu d'aller chercher fortune dans les pays étrangers.

Il me disoit qu'il n'y seroit connu de personne, qu'on ne sçavoit ni le bien ni le mal qui lui arriveroit.

Que mille gens de qualité sont dans le besoin, sans que leur indigence paroisse, & que de grands hommes ont eu la mort sur les lévres, sans être secourus ni plaints.

J'apprehende, continuoit-il, qu'on ne condamne ma résolution, & que le service des Grands ne puisse me valoir le soulagement de ma famille.

Si la récompense étoit sûre à ceux qui servent bien les Princes, on seroit trop heureux.

Mon Frere, lui répondis-je, dans le service des Rois, on y trouve l'esperance de son élevation, & la crainte de la mort.

Les Sages ne conseillent pas de tomber dans la crainte de la mort pour conserver l'esperance de s'agrandir.

On ne demande pas à un pauvre Dervis le tribut de son champ ni de sa vigne.

Tu n'entre point dans ce que je pense, interrompit-il.

Qui traîne une trahison, tremble quand il rend compte de ses actions; mais quand on fait bien, on est bien avec Dieu.

Et je ne sçai point d'homme qui se soit perdu dans le droit chemin.

Quatre sortes de gens, ont peur de quatre autres.

Les Voleurs du Prevost, l'Exacteur du Juge, les Méchans des Espions, les Femmes publiques de la Police; mais ceux dont le compte est net, ne craignent pas de le rendre.

L'Histoire du Renard, lui dis-je, ressemble assez à l'état

où tu te trouve.

Un jour qu'il fuyoit tout effrayé, on lui demanda le sujet de sa fuite & de sa frayeur.

Il répondit, qu'il avoit ouy dire qu'on prenoit tous les mulets & tous les chameaux pour porter l'équipage du Roy qui alloit à la guerre.

N'es-tu pas bien fou & bien ignorant, lui dit-on? Qu'as-tu à démêler avec les mulets & les chameaux?

Tais-toi, interrompit-il, si quelqu'un vient, nous entend, & dit : voilà un chameau, prenons-le, je serai chargé avant que mes raisons soient entendues.

Les ennemis se déguisent

sous des apparences d'amitié, pour nous perdre plus seurement.

Vas-tu contre la volonté du Prince ? Osera-t'on parler pour toi ? osera-t'on te nommer ?

Veux-tu me croire ? demeure dans ta maison : ne sçais-tu pas que l'ambition a fait perir plus d'hommes, que la moderation n'en a sauvez ?

On fait de grands profits à la Mer : mais qui veut en éviter les dangers, doit se tenir au rivage.

Ce discours ne lui plut pas, il me dit assez en colere : Quel esprit ? quel jugement ?

Les Sages disent, que l'ami

sert l'ami dans la prison, dans les fers, & que tous ennemis semblent tous amis à table.

J'appelle ami tout homme qui tend la main à son ami dans l'oppression.

Je connus qu'il étoit piqué, & que je devois engager un de mes anciens amis du Conseil d'Etat, à lui donner quelque emploi.

Il fit paroitre tant d'esprit, tant de capacité dans celui qu'il obtint, que ses conseils furent écoutez, reçûs & suivis.

Sa fortune s'acrût & le poussa prés de la personne du Roy, dont il eut toute la confiance. Toute la joye qu'on peut avoir de l'élévation de son ami, je l'eus, & je me dis qu'il ne se faut point affliger dans son malheur.

Et que la patience, pour être amere, a quelquefois des fruits bien doux.

En ce tems là, je résolus d'aller faire le pellerinage de la Mecque, où je mis deux ans.

A mon retour, il vint deux journées au devant de moi.

Il me parut changé, triste, dans un grand abattement, & vêtu comme un pauvre Dervis.

Je lui demandai l'état de sa fortune, il me répondit : telle que tu me l'avois prédit.

Mes envieux m'ont accusé de trahison, le Roy séduit par

leurs impostures, s'est fait des veritez de leurs mensonges.

Mes amis sont devenus muets, & m'ont oublié.

Chacun met le pied sur la gorge à tout homme déchu de la grace du Roy.

Chacun s'humilie devant ceux qui sont en faveur.

Que n'ai-je pas souffert? le peu de bien que j'avois, ceux que mes soins, mes services m'avoient donnez, ne sont plus à moi, & depuis long-tems je n'ai senti de plaisir que celui de ton retour.

Je fus frappé de sa disgrace, & je crus qu'il ne faloit pas écorcher ses blessures pour y mettre du sel.

Je ne laissai pas de lui dire, tu ressens les effets du mépris de mes conseils.

Le service des Rois ressemble au voyage d'outre-mer, on en revient riche, ou on y perit.

Tu te verras bien-tôt les fers aux pieds, si tu ne quitte le service des Grands.

Borne toi, donne toi tout à toi, & ne mets pas le doigt sur le Scorpion, si tu n'as la force d'en souffrir la piqueure.

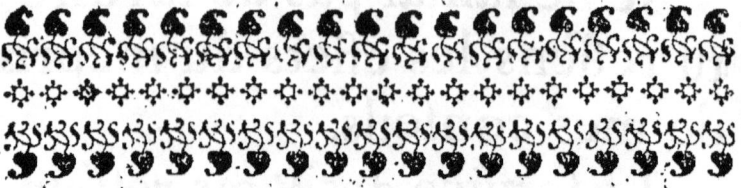

CHAPITRE III.

ANS le tems que j'étois à la Cour, un grand Seigneur aimoit à faire du bien à quelques gens de mérite, & ce n'étoit pas la moindre partie de son revenu, qu'il avoit destiné à cet usage.

Mon ami qu'il gratifioit, se rendit Religieux Dervis: peu de jours aprés, son imprudente conduite le fit sortir du Couvent & changer d'habit.

Cette legereté lui couta sa pension qu'on lui retrancha, notre ancienne amitié m'interessoit à parler pour lui, & j'allai voir ce grand Seigneur.

Les Portiers me refuserent assez rudement l'entrée de son Palais, je le soufris sans impatience.

Qu'aller faire à la porte des Grands ? lorsque nous n'y sommes pas appellez.

Quelques domestiques, bien auprés du Maître, & qui me connoissoient, irritez de ce traitement, acoururent à moi, maltraiterent les Portiers, me firent entrer & m'annoncerent au Seigneur, comme ils auroient annoncé un homme du premier rang.

Il me reçut avec distinction, il m'écouta pour m'entendre, surtout quand je lui parlai de la disgrace de mon ami.

Par où vous a-t-il manqué, lui dis-je ? ne sçait-il plus vous prévenir sur tout ce qui peut vous plaire ? est-il devenu moins vif à vous servir, & moins fidele à vos interests ?

Souvenez-vous que les grandes punitions ne sont pas ordonnées pour de legeres fautes.

Dieu tout grand, tout bon, voit le peché de l'homme, mais il ne le prive pas de son pain.

Touché du reproche que je semblois lui faire de ce qu'il

cessoit de l'imiter, il augmenta la pension de mon ami.

On fait les pellerinages où font les pardons, lui dis-je, aprés que je l'eus remercié. Il faut que vous supportiez quelquefois nos importunitez.

On ne jette point de pierre contre un arbre sans fruit.

UN ancien Roy de la Cherſoneſe Indienne, laiſſa de grands tréſors à ſon Succeſſeur, qui les diſtribuoit tous aux Peuples, & aux Gens de guerre.

Il aimoit à dire que le bois d'aloës n'étoit agreable que dans le feu, que ſi on le perd quand on le brûle, l'odeur en eſt plus douce que celle de l'ambre

Un Roy veut-il eſtre aimé? qu'il ſoit liberal ; qui ſeme, recueille.

Le Viſir qui deſaprouvoit les profuſions de ſon Prince, lui dit: Tes prédeceſſeurs ont travaillé longtems pour amaſser les grands trésors que tu possede, tu les dissipe, tu les épuise, le tems du besoin peut venir, tu n'es pas sans ennemis, ils veillent; s'ils saisissent l'occasion de ton impuissance, que deviendra ta grandeur, ta gloire, ton Etat si tu ne te reserve rien?

Si tu donne tout à ton Peuple chacun n'aura que la valeur d'un grain de mil, & si tu prens de chacun la grosseur d'un grain d'orge d'or, tes richesses seront infinies.

Le Roy irrité de la remontrance du Visir, lui dit: Dieu m'a donné ce Royaume pour donner, & non pas pour n'être que Gardien de trésors.

Le Roy Karum le plus avare de tous les Rois a été exterminé, ses quarante tresors n'ont pû le sauver ni le faire vivre.

Nouschirvan n'est pas mort il étoit juste, liberal, sa memoire vivra toujours.

DES MOEURS DES ROIS.

LE Caliphe Hegiage, avoit pour Visir & pour Favori le plus méchant homme qui fut dans tout le Musulmanisme.

Ce Favori jetta un jour une pierre à la tête d'un Dervis, qui releva la pierre & la garda.

Quelque-tems aprés toute la Cour soûlevée contre ce Favori, obtint du Caliphe qu'il seroit jetté dans un puits.

Ce Dervis le sçut, vint au puits, & lui jetta sur la tête la même pierre qu'il lui avoit jettée.

Pourquoi me jette tu cette pierre ? ne suis-je pas assez accablé, falloit-il que tu vinsse m'achever, lui dit ce malheureux?

Oui, répondit le Dervis, tu m'a jetté autrefois cette pierre. Pourquoi atendre si longtems à me la jetter, interrompit-il.

Je pensois à ta Charge, à ta faveur, je te trouve dans un puits & je me sers de l'occasion, repartit le Dervis.

Les sages disent qu'il faut craindre un méchant homme en faveur & qui peut nuire.

L'épée tranchante blesse la main de qui l'empoigne.

Se donne-t-on patience, le tems punit les méchans, & favorise les gens de bien.

UN simple Soldat de l'armée du fils d'Omar, accusé d'avoir fui dans un combat, fut conduit devant le Roy par ordre du Visir, qui conclut à la mort du Soldat, pour le faire servir d'exemple aux autres.

Il se crut prés de sa fin, se prosterna devant le Roy & lui dit: Grand Roy, tu peus disposer de ma vie, que peuvent tes Sujets contre tes volontez? qui peut se justifier en presence de son Roy irrité?

Comme j'ai été longtems élevé & nourri par les bienfaits de ta Hautesse, la reconnoissance que j'en ai, ne veut pas que je t'acuse au jour du jugement de m'avoir fait mourir sans être coupable, desire-tu que je le sois & que je meure, commande que ce soit avec justice. Comment, dit le Roy, puis-je te faire mourir avec justice ? Laisse-moi tuer ton Visir, & ma mort sera juste, répondit-il.

Le Roy sourit, & demanda au Visir ce qu'il lui conseilloit. Je te conjure par les cendres de ton pere de lui pardonner, dit-il, de crainte que sa mort ne me fasse tomber dans quelque grand malheur.

C'est la coutume des Sages de dire, lorsque tu jette une

pierre à ton ennemi, prend garde à toi, pense que tu es le but de la sienne.

ON dit qu'un Roy Arabe commanda un jour à ses Ministres d'augmenter la pension d'un homme pour sa fidelité, pour sa prompte obéissance & pour son grand attachement à sa personne.

Un Dervis présent à cet ordre du Roy, sortit brusquement du Palais, & s'écria de toute sa force: On prie Dieu avec esperance, le désesperé ne fait sa cour à personne, la grandeur paroit dans l'obéissance; & le mépris dans le refus d'obeir.

Qui fait ce qu'il doit, réussit presque toujours.

Un des fils du Caliphe Haroun Rescheid transporté de colere, vint le trouver, & lui dit: le fils d'un Visir a mal parlé de ma mere, c'est sur moi que retombe l'injure.

Haroun fit assembler son Conseil & demanda quel supplice étoit dû à ce crime.

Les avis des uns allerent à la mort du coupable.

Ceux de l'autre à lui couper la langue.

Et le plus moderé à l'exil.

O mon fils, dit le Caliphe, qu'il est genereux de pardonner ! si tu tien trop à ta vengeance, tu peus dire de sa mere ce qu'il a dit de la tiene.

Mais que le desir de te venger ne t'emporte pas au delà des bornes de la moderation & de la justice, de crainte qu'on ne rejette sur nous le crime d'avoir trop puni.

☙❧

Au dire des Sages, qui combat un Elephant en fureur, n'est pas homme.

Mais celui qui se refuse aux outrages que la colere lui présente, est homme.

Un Dervis injurié par un homme de mauvaises mœurs, lui répondit: tes derniers jours soient heureux, tu ne sçaurois trop me dire toutes les honteuses veritez qu'on peut dire de moi, & que tu ne connois pas comme moi.

AU Royaume de Sousan un homme expert à la lute, prit en amitié un jeune garçon auquel il apprit tout ce qu'il sçavoit dans cet Art, excepté un seul tour qu'il se réserva.

Ce jeune homme se rendit adroit, & devint si fort qu'aucun Luteur ne venoit aux prises avec lui qu'il ne terrassât: dans l'orgueil d'avoir toujours emporté le prix des lutes contre tous venans, il disoit, à qui le vouloit entendre, que son Maître sçavoit mieux que lui la bonne métode & la grande maniere d'enseigner;

Mais pour lui, qu'en force, qu'en adresse il n'étoit pas inférieur à son Maître.

Ce qu'il dit revint au Roy, qui voulut en avoir la preuve, & qui pour cet effet fit préparer un lieu pour la lute, où il vint avec toute sa Cour.

Le jeune homme se présenta le premier, il ressembloit un Elephant en fureur, qui veut arracher & transporter les montagnes.

Le Maître qui conoissoit bien que son Ecolier le surpasseroit en force, se souvint d'un tour qu'il ne lui avoit pas enseigné, & dont le jeune homme ne pouvoit sçavoir le contretour : il l'empoigne avec les deux mains, lui fait perdre terre, le leve & le jette la tête la premiere aux pieds de toute la Cour.

Le Roy fit appeller le Maître, lui fit de grands dons & de grands honneurs, & au jeune homme d'injurieux reproches, d'avoir osé s'égaler à celui qui l'avoit enseigné & nourri.

Invincible Monarque, dit le jeune homme, il ne me manquoit que ce tour qu'il m'a caché, pour être le plus fameux Luteur de ton Royaume. Je l'avois réservé, dit le Maître, pour un jour comme celui-ci.

Les Sages disent qu'il ne faut jamais tant donner de force à nos amis, qu'ils nous puissent nuire s'ils devienent nos ennemis.

Tout Maître qui montre à tirer de la Fleche, doit craindre qu'il ne deviene le but de son Ecolier.

DES MOEURS DES ROIS. 69

UN Dervis zelé dans sa Religion, & qui s'étoit retiré sous un rocher pour y vivre le reste de ses jours, vid passer le Roy & toute sa Cour, sans vouloir sortir de sa grotte, persuadé que le mépris du monde est un souverain contentement.

Le Roy offensé qu'il n'eût aucun égard pour son rang, le vint trouver, & dit que ces sortes de gens ressembloient aux bêtes sauvages.

Le Dervis interrogé du Visir pourquoi il ne venoit pas rendre ses devoirs au Roy, il répondit: Tu peus dire au Roy qu'il espere d'être servi de ceux qui s'attendent à ses bienfaits, & qu'il sache qu'il est Roy pour garder & garantir son Peuple d'opression.

Les grands Rois sont les gardiens & les conservateurs des pauvres; les troupeaux ne gardent point les pasteurs, ce sont les pasteurs qui les gardent; tels sont malheureux le soir, qui le matin ont été heureux.

La terre nous consume tous, les cendres d'un grand Roy ne se distinguent pas de celles d'un pauvre Dervis.

Le Roy satisfait de son discours le pria de lui demander ce qu'il voudroit, & de l'aider de ſes conſeils. Ne trouble point mon repos, répondit-il, & penſe que dans la proſperité où tu te vois, que de main en main tu as reçu ta Grandeur d'un autre, & que de main en main elle paſſera au pouvoir d'un autre.

J'Ay conu un Visir qui se plaignit à Zalvon Mesri, qu'il aimoit de ce qu'il travailloit jour & nuit aux affaires d'Etat sans pouvoir prendre aucun repos, dans l'esperance de quelques bienfaits du Roy; mais qu'il craignoit son indignation. Si je craignois autant Dieu que tu crains le Roy, lui répondit Zalvon, je serois un grand homme de bien.

Si les Visirs craignoient autant Dieu que leur Prince, ils seroient tous des Anges.

DES MOEURS DES ROIS. 73

LE Juste le Grand Roy de Perse Nouschirvan assembla un jour ses Visirs pour prendre, pour peser, & pour suivre leurs avis sur d'importantes affaires survenues: Busurgem Chef du Conseil, refusa d'opiner qu'il n'eût sçû le sentiment du Roy, qu'il suivit; & de plus, desaprouva les opinions des autres Visirs.

Comme il s'apperçut que son procedé les irritoit, il prit son temps pour leur dire: J'ai suivi le sentiment du Roy, devois-je ne le pas suivre? Puis-je répondre des évenemens, vos conseils vont peut-être

G

plus au bien de l'Etat que les miens: mais le fruit en eſt incertain; j'ai mieux aimé être de l'avis du Roy, ſi le ſuccés trompe le deſſein, je m'exempte de ſa colere.

Qui contrarie les Rois, lave les mains dans ſon propre ſang.

Dans mon pellerinage à la Mecque, & dans la même Caravane où j'étois, il se trouva un grand Seigneur emporté, violent, qui dit mille injures à un homme de bien, lequel, sans sortir de sa moderation, lui répondit : Je sçai mes défauts mieux que toi.

Celui qui veut combattre un Elephant irrité en presence des Sages, n'est pas homme; mais celui qui dans sa colere pense avant de parler, & parle aprés la reflexion, est homme.

Ne pique personne, si tu ne veux rencontrer des épines en ton chemin.

DE deux freres que j'ai connus, l'un avoit un petit Emploi à la Cour, l'autre vivoit avec assez de peine de son travail & de son industrie; le Courtisan lui disoit, que ne te jette tu au service du Roy pour te rendre la vie plus aisée?

Toi-même, répondit-il, que n'essaye-tu, que ne travaille-tu à te rendre la vie moins assujétissante?

Il vaut mieux manger du pain d'orge en repos, que d'être toujours sur ses pieds collé contre un mur. Je suis plus content que ceux qui deviennent bossus à force de se courber en présence des Grands.

(mal traduit)

HAROUN Rascheid aprés avoir conquis tout le Royaume d'Egypte, dit qu'il ne vouloit point laisser ce grand Etat à un superbe Pharaon qui se fit appeller Dieu: mais au moindre de ses sujets; & pour marquer mieux son dessein, il jugea digne de la Royauté son Esclave More, nommé Krousib, lequel avoit tant de penetration d'esprit & tant d'experience dans l'agriculture, qu'un jour il rencontra de pauvres Laboureurs qui se plaignoient que la pluye venue à contre-temps, avoit inondé & perdu tous leurs cotons femez fur les bords de ce Fleuve. Que n'y femiez vous de la laine, répondit-il? elle ne fe feroit pas feulement gâtée.

Un Dervis préfent à ce difcours, fe prit à rire, & dit: Si le bien croiffoit avec la fcience, que les ignorans feroient pauvres! mais le bien croift en fi grande abondance aux ignorans, que les fages en font confus.

☙❧

La bonne fortune & le grand mérite ne s'uniffent gueres, le bon-heur nous eft donné du Ciel.

Que d'ignorans élevez aux

honeurs & aux dignitez, que de sçavans, que de sages mé prisez!

Tel a fait son cours de Chimie, qu'on void mourir de faim dans le tems, que des imbeciles trouvent des tresors dans les ruines des anciens monumens.

ON ne m'a point dit le nom d'un Roy presque toujours yvre, qui voulut mettre la plus belle de ses Esclaves dans ses plaisirs ; elle refusa d'y entrer, plus par horreur pour son yvrognerie, que par mépris pour son Rang, & pour sa Personne.

Le Roy irrité du refus de l'Esclave, en fit présent à son More, sa levre de dessus étoit si grosse qu'elle lui couvroit tout le nez, & celle de dessous tomboit sous son menton comme un rideau : Enfin c'étoit un abregé de tout ce qu'on peut se figurer de plus affreux ;

il en devint amoureux d'abord, & du premier moment de son amour il osa se faire le premier moment de son bonheur.

Le Roy moins en colere, & de plus, desenyvré: mais qui ne sçavoit pas ce qui s'étoit passé entre-eux, commanda qu'on lui fist venir la belle Esclave. Dés qu'il sçut avec qu'elle impatiente ardeur le More venoit de ce rendre heureux avec elle, transporté & furieux, il commanda que le More & la belle Esclave fussent jettez dans un puits.

Le premier Visir, sans attendre que tout le feu de sa fureur s'éteignit, lui dit:

Grand Prince, le More n'eſt point coupable, tous les Eſclaves & tous nous autres accoutumez à recevoir de tes bien-faits, dés qu'ils ſont reçus n'en jouiſſons-nous pas?

Que n'attendoit-il quelques jours, interompit le Roy, il eût eu des dons de moi d'un plus grand prix que cette Eſclave ne vaut.

Le Viſir lui repartit: Tout homme qui brûle de ſoif, arrive-t'il à une fontaine? Que peut-il imaginer de plus doux que de ſe deſalterer?

A ta conſideration, repliqua le Roy, je lui pardonne; mais que faire de cette indigne Eſclave?

Elle n'est que trop punie, ajoûta le Visir.

Quand même elle seroit moins à plaindre, qui voudroit boire de l'eau répandue sur un fumier?

CHAPITRE IV.

J'ÉTOIS dans un vaisseau avec des Visirs, un esquif à demie portée de notre vûe ne pouvoit plus tenir à la mer trop haute pour lui.

Prêt à nous aborder, il perit; deux freres qu'il portoit revinrent sur l'eau.

Un des Visirs promit cent dinars à qui les sauveroit.

Un Pilote se jetta dans la mer, en sauva l'un; l'autre fut noyé.

D'où vient, lui dis-je, que tu sauve celui-ci, l'autre étoit plus en danger ? c'est toi qui l'a fait périr.

Cela est vrai, me répondit-il, mais j'ai mieux aimé le secourir que son frere.

Dans mon pellerinage à la Mecque, ce jeune homme devina mes besoins, me donna un autre chameau que le mien fatigué, le reste du voyage je vécus de ses vivres.

Son frere brutal, feroce, m'a traité comme un esclave coupable & qu'on punit.

Le grand Dieu est juste, lui dis-je; qui fait bien, se fait du bien; qui fait mal, le mal retombe sur lui.

UN Courier dit au Roy Nouschirvan, celebre par son équité, Dieu vous venge, votre ennemi est mort.

Il répondit: La mort de mon ennemi ne me donne aucun sujet de joye.

La vie de ce monde n'est point immortelle.

Es Visirs de Nouschirvan, aprés avoir longtems agité une affaire importante; les differens avis debatus, se réunirent & tout ce qu'on resolut, aloit à la gloire & au bien de l'Etat.

Tout le Conseil surpris du silence de Busurgem, lui dit: Pourquoi ne vous expliquez-vous pas sur ce qu'on résout?

Il répondit: Les Conseillers sont comme les Medecins, qui ne donnent point de remedes qu'aux malades.

Votre résolution m'a paru si judicieuse, que je n'aurois pû sans imprudence, en prendre une opposée.

Vous faites une sage décision sans moi, je ne dois point la partager avec vous.

Le silence aplaudit quelquefois plus que le discours, c'est lui seul qui m'a fait taire : si j'eusse vu des aveugles prés d'un puits, j'eusse parlé, je les aurois secouru.

INSCRIPTION
de la Couronne de COSROES, surnommé NOUSCHIRVAN.

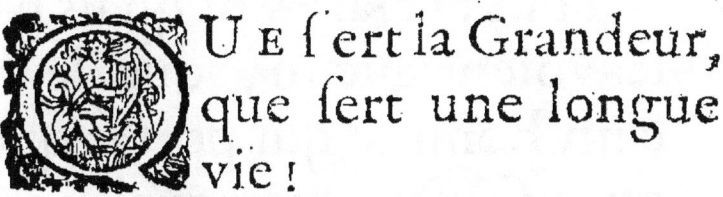QUE sert la Grandeur, que sert une longue vie !

Les pieds de tous les mortels ne fouleront-ils pas les vestiges de nos têtes ?

Par une longue suite de Rois, le Royaume est parvenu jusqu'à nous.

Aprés nous il passera de nos mains dans les mains des autres.

UN Roy attaqué d'un mal horrible, fit venir les plus experts Medecins Grecs, & les pressa de chercher des remedes pour le guerir.

Tous déclarerent qu'ils n'en sçavoient aucun, que le fiel d'un homme qui portât quelques signes remarquables.

Le Roy commande qu'on le cherche : on trouve un jeune homme avec les marques requises.

Des presens, des biens corrompent le pere, qui livre son fils au Roy.

Le Sacré Juge du Temple

prononce, que par la Religion, il est juste & permis, de sacrifier le Sujet pour la vie du Prince.

Le fer menaçant du Victimaire est déja levé sur ce jeune malheureux, qui leve yeux au Ciel & se met à rire.

Le Roy lui dit : Quel sujet as-tu de rire ; il répondit : Les peres sont les refuges des enfans, quelles bontez n'ont-ils pas pour eux ?

Les causes litigieuses se portent aux Sacrez Juges du Temple, & les Rois le permettent.

Ma destinée veut que mon pere séduit par des biens peu durables, se dépouille des droits du sang & de l'humanité, & me livre à la mort.

Le Juge demande ma vie : fi je ne la perds, le Roy ne peut vivre, plus d'afile ici pour moi.

Mais j'en fçai un, que les plus grands, que les plus redoutables n'oferoient, ne fçauroient violer, où n'eft pas reçû qui veut.

C'eft aux pieds du Trône du Tout-Puiffant, aux pieds de mon Dieu & du vôtre.

Le Roy ému, frapé de fon difcours, l'embraffa tout en pleurs, & dit: Que je vive, que je meure, je ne répandrai point un fang innocent.

Il le combla de bien-faits, on trouva des remedes falutaires permis, & la parfaite santé du Roy revint sans le secours d'une cruauté, que toute la clemence d'un long regne n'auroit pas effacé.

ON demandoit à Alexandre le Grand : Par quelle heureuse vertu vous êtes-vous rendu Maître de l'Orient & de l'Occident, que tant de Rois qui vous surpassoient en anciens trésors, si supérieurs à vous en âge, en Royaumes, en armées, n'ont pû vaincre ni soumettre ?

Il répondit : Les Auspices divins ont conduit mes conquêtes & les ont protegées.

Je me suis fait aimer des Peuples que j'ai soumis.

J'ai toujours honoré la memoire des bons Rois.

Veux tu qu'un glorieux souvenir de toi puisse te survivre? Respecte la memoire des grands Hommes, & les imite.

AUGMENTATIONS AUX ROIS ET AUX KALIPHES, DE SAADI,

Tirées des Auteurs Arabes, Persans, & Turcs.

CHAPITRE V.

LEs commencemens du regne d'Almamon ne furent pas tranquiles, son oncle Hibrahim, se révolta contre lui, s'empara de Bagded, où il se fit proclamer Caliphe.

Almamon le sçut, se mit à la tête de son armée, vint à lui, le contraignit de fuir & d'être longtems caché: on découvrit où il étoit, & il lui fut amené.

Seigneur, Commandeur des Fideles, lui dit Hibrahim, Dieu vous done la paix, Dieu vous fasse misericorde & vous comble de benediction.

Almamon lui répondit: Dieu vous ôte sa paix, sa conduite, sa garde & sa protection.

Il repartit, la Puissance dore le peché: mon crime est grand, mais vous êtes plus grand, si mes actions ne sont pas louables, que les vôtres le soient.

J'ai demandé si je devois vous faire mourir, interrompit le Caliphe, mais votre merite est plus grand que votre crime.

Hibrahim repliqua: les conseils des Visirs doivent se tenir au centre des Coutumes & des Loix des Etats.

Prudence, Justice, toutes les autres du bon Gouvernement peuvent bien être exercées par eux sous vos ordres.

Mais la clemence est la haute vertu des grands Princes: tout Visir qui la blesse est coupable

Vous, vengé de moi, la

postérité verra votre nom au rang des noms de Princes sanguinaires.

Moi pardoné par vous, la clemence du Caliphe Almamon, sera gravée sur le front des siecles.

Vivez pour vous & pour moi mon oncle, lui dit Almamon, & que vos amis soient les miens: en même tems il lui fit doner vingt mille dinars d'or.

COSROES Roy de Perse, aimoit éperduement Chirin, dont tous les Poëtes orientaux ont rendu le nom & la beauté si celebres, lui dit un jour : Que charme de la Royauté seroit doux, s'il pouvoit toujours durer.

Ah Prince, que je ne sçaurois trop aimer ! répondit elle, s'il étoit perpetuel, il ne seroit point passé jusqu'à nous.

AU Royaume de Fez, dont la Capitale porte aussi le nom, & sur le grand chemin de cette ville on passe par un château, appellé de tout tems le Château de la honte, à cause de la sordide avarice de ceux qui le possedoient.

Aprés la révolution de plusieurs siecles le Roy y passa, fut invité à diner & y dina.

Les Habitans le suplierent de doner un nom à leur château qui fut honorable, le Roy y consentit.

Ils s'empresserent alors de faire quelques présens au Roy;

de chevreaux, de fruits, de vases de laict selon la coutume du pays : mais qu'ils ne suivoient gueres.

Les vases se trouverent trop grands, il n'y eut qu'une voix pour les remplir de la même quantité d'eau que de laict, & pour dire, qu'on ne s'en apercevroit pas.

On le découvrit, on l'aprit au Roy, qui leur dit en souriant : On ne peut ôter ce que la nature donc.

LE Sultan Malcofas, fameux par toutes les vertus qui forment les Grands & les bons Rois, fit un pelerinage au sépulcre de Gali, dans le tems que son frere Nise s'étoit révolté & marchoit pour le combatre.

Aprés qu'il eût fait sa priere, il dit à son Visir: Qu'avez-vous demandé à Dieu.

Seigneur, Comandeur des Fideles, répondit-il, j'ai prié Dieu pour votre victoire contre votre frere.

Ce n'est pas ce que j'ai demandé à Dieu, répliqua le Sultan, écoute la priere que je lui ai faite, & que je lui fais encore.

Mon souverain Dieu, si mon frere est plus digne que moi des Royaumes que je tiens de toi, s'il peut faire le bonheur des Musulmans, done lui sur moi une pleine victoire, qu'il regne, que je me soumete.

Si j'en suis plus digne, que je triomphe, que je comande, qu'il obéisse.

CASAR ALCABIR
ou
LE GRAND PALAIS.

MANSOR, Caliphe & Roy de Maroc, s'égara un jour à la chasse, le vent se leva furieux, il sembloit que l'eau du Ciel voulut engloutir la terre, la nuit qui s'avançoit devint encore plus affreuse par son obscurité.

Mansor ne sçavoit que devenir, ni le lieu où il étoit: demeurer, chercher l'abri de quelques arbres, le secours de quelque chemin, tout lui paroissoit un peril évident.

Dans l'incertitude du parti qu'il devoit prendre, il aperçut de loin une lumiere, un moment aprés il vid qu'elle étoit portée par un Pêcheur, qui aloit pêcher des anguilles, dans un lieu prés de là.

Le Roy l'aborde, lui demande le chemin qui mene au Palais du Roy, vous en êtes à dix mille répondit-il, le Roy le pria de l'y conduire.

Je n'en ferai rien, dit-il, si le Manfor étoit ici en personne, je le refuferois, de crainte qu'envelopé de l'orage & des tenebres il ne fe noyât dans ces lieux marécageux.

Hé que t'importe, repartit le Roy, que le Manfor vive, ou ne vive pas?

Comment que m'importe, répliqua le Pêcheur, mille vies comme la miene & comme la vôtre, ne valent pas un de ſes moindres jours.

Aucun Prince ne merite mieux toute l'afection de ſes Sujets, & celle que j'ai pour lui eſt ſi grande, que je l'aime mieux que moi, & ſi je m'aime bien.

Tu ne parlerois pas comme tu parle, ſi tu n'en avois reçû des bienfaits conſiderables.

Moi, non: mais quels bienfaits plus conſiderables peut-on eſperer d'un bon Roy, qu'une juſtice équitable, un gouvernement ſage, tranquile.

Tant de vertus sont-elles comunes à ceux que le Tout-Puissant éleve & soutient sur le Trône, le Roy Manfor ne les possede-il pas toutes ?

Sous sa protection je jouis en paix de ce qu'il lui a plû de me donner : j'entre dans ma cabane, j'en sors quand je veux, & je ne sache homme vivant, qui m'inquiete, ou qui m'outrage.

Venez, vous serez mon Hôte, demain je vous guiderai où vous voudrez.

Le Roy suivit le bon homme à sa cabane ; aprés qu'il se fut seché, on lui servit des anguilles, qui n'étoient point de son goût : n'avez-vous rien de plus? lui dit-il: le Pêcheur sortit & rentra avec une chévre & un chevreau.

Voilà toute ma richesse, dit-il, dans l'instant qu'il égorgea le chevreau, je le trouve heureux de servir à honorer un homme tel que vous paroissez: ou votre air me trompe, ou vous êtes quelque grand Seigneur.

Le chevreau rôti, le Roy en mangea, reposa jusqu'au matin, sortit de la cabane, guidé par le Pêcheur: il eut à peine traversé quelques marêts, qu'il rencontra ses Veneurs, qui l'avoient cherché toute la nuit.

Le Roy Mansor ne put se

cacher plus longtems au Pêcheur : il lui dit, qu'il n'oubliroit de sa vie le bon traitement qu'il s'étoit éforcé de lui faire.

Pour lui laisser des marques de ses bien-faits, ou plutôt pour le recompenser de l'avoir si bien reçû, il lui donna des palais, qu'il avoit fait bâtir pour ses délassemens & pour ses chasses, & même à la priere du Pêcheur, il les fit enclore de murailles.

Ainsi casar Alcabir, ou grand Palais, devint à la suite des tems une des plus belles villes de l'Afrique, & des plus renomées pour les Arts, pour les Sciences, pour les bones mœurs.

LE Philosophe Democrite, vint à la Cour de Darius Roy de Perse, à dessein de le consoler de la perte de la plus belle & de la plus chere de ses femmes.

D'abord osoit-il devant le Roy faire dire à son silence, que les plus violentes, les plus cruelles sensibilitez diminuent, s'évanouissent.

Un jour enfin, il osa promettre au Roy de rapeller la Reine à la vie.

Dans les Royaumes que l'Asie contient, lui dit-il, &
qui font partie de votre grand

Empire, faites chercher, trouver trois homes exempts des coups de l'adversité, qui soient heureux.

Leurs noms gravez sur le tombeau de la Reine, vous la reverez plus belle, plus charmée de vous, que vous n'êtes d'elle.

On chercha, on parcourut: mais point d'homme heureux.

Alors Démocrite prit son tems pour calmer la douleur de Darius, pour lui faire comprendre, que tous les hommes étoient plus, ou moins malheureux, & que le seul homme fortuné, étoit encore à naître.

Mecmed, Prince de quelques Regions, scituées au Midi du mont Atlas, entreprit de se rendre Maître d'une Ville du Roy de Fez.

L'entreprise découverte, le Roy vint l'ataquer dans les montagnes, il y fut batu.

Irrité de sa défaite, il se fit joindre par des troupes nombreuses, & vint assieger Dubdu, Capitale des Etats de Mecmed, & où il s'étoit renfermé.

L'ataque & la défense balancerent quelques jours, la prise ou la liberté de la Place, mais tout y vint à manquer, & rien ne resistoit plus à sa perte, que la valeur & la prudence de Mecmed.

Se conseiller, se résoudre, sortir déguisé, ne paroître qu'Envoyé de lui-même à la porte de la tente du Roy, ne coûta qu'une heure de tems à Mecmed.

Presenté au Roy, qui ne le connoissoit pas, sa lettre donée & lûe, le Roy lui dit: Parle-moi de ton Maître, qu'en pense tu?

Seigneur tout ce que vous en pensez, répondit-il, c'est un ingrat, un rebelle, que sans doute vous punirez.

Si je le punirai, repartit le

Roy, par ma tête je le ferai mettre en pieces devant mes yeux.

Quoi, répliqua Mecmed, lui prosterné à vos pieds, lui repentant, vous séduit par la rigueur, vous n'écouteriez pas votre clemence, &...

Par le Tout-Puissant que j'adore, interrompit le Roy, livre le moi repenti, je te le rends pardoné.

Mes deux filles que je donerai à ses deux fils, sceleront notre aliance, notre amitié, & ses Etats, n'auront de Maître que lui.

Mais trop prevenu de sa prudence, & de sa valeur, je doute qu'il deviene assez moderé, assez sage pour bien conoître le peu qu'il est, & tout ce que je suis.

Mecmed repartit : Avec la lettre j'aporte sa parole, son ferment : que le vôtre soit autorisé de vos Visirs, Mecmed se livre à vous.

Les Visirs jurerent, Mecmed se fit conoître aprés s'être jeté aux pieds du Roy, qui l'embrassa, & qui toujours eut une foi inviolable pour tout ce qu'il avoit promis à Mecmed.

PARABOLE.

On demandoit au Sciachos*, d'où vient ta societé avec le Lion : il répondit, je vis des restes de sa proye; sous l'ombre de sa puissance je n'ai point d'ennemis à craindre.

Puisqu'il te protege lui dit-on, & que tes soins facilitent ses bien-faits.

Tu devrois ne le pas perdre de vue, tu ne fraperois peut-être pas en vain aux portes de la faveur.

Tu me done un conseil d'ennemi, repliqua-t-il, plus je serois prés de lui, plus je serois à portée de sa fureur.

Voyez cy devant fol. 36.

Le plus grand adorateur du feu y tombe-t-il un moment, l'eut-il alumé toute sa vie, le feu brûle son adorateur.

CHAPITRE VI.

La terreur & la desolation que les victoires de Tamerlan avoient portées dans les Royaumes Orientaux, firent tout craindre aux Princes qu'il n'avoit pas encore subjuguez.

Ibrahim, Sultan des Provinces de Serouane, effrayé des conquêtes de Tamerlan, essaya si dans les conseils de ses Visirs, il ne pouroit pas en trouver un utile à la tranquilité de ses Etats, & à sa propre conservation.

Différens avis furent ouverts de fuir, de se fortifier dans les montagnes, d'aller le combatre.

Pas un de ces conseils ne plut au Sultan : Quoi, dit-il, je me fortifierai, où, comment ? Je combatrai, quelles troupes ai-je ? moi je fuirois, moi je laisserois mes Peuples en proye : Eh que répondrois-je au Grand Maître de tout au jour du Jugement, aprés avoir perdu le troupeau qu'il m'a confié ?

Je veux me soumettre à lui, me rendre à lui, m'humilier devant lui.

Si j'arive dans ses momens de clemence, & qu'il me confirme dans la poffeffion de mes Etats, qu'ai-je à defirer de plus?

Si j'arive à fes heures inexorables, que peut-il m'en couter? des chaînes, des fuplices, la vie.

Content d'avoir fauvé mon Peuple, mon ame en fera peut-être moins rejetée du Tout-Puiffant.

Ibrahim affemble fes Etats, done des ordres utiles, preffans, licentie fes troupes, traverfe fes Provinces, & fe prefente devant la tente de Tamerlan avec tout ce qu'il avoit de plus précieux.

Le Royaume d'Ibrahim ne fait qu'une partie des Nations
* Gethéenes, Tamerlan étoit Gethéen.

La Coutume de ces Peuples est de ne point faire de present, qu'il ne soit composé du nombre de neuf, de même espece, & toujours neuf, de tout ce qu'ils offrent aux Grands, & aux Rois.

Ibrahim fut introduit dans la tente de Tamerlan, & tout ce qu'il venoit lui offrir aussi ; mais il ne lui presenta que huit Esclaves.

Où est donc le neuviéme Esclave, dit un Visir.

Le neuvieme : C'est moi, dit Ibrahim, & le plus obéissant de tous.

Tamerlan touché de la réponse d'Ibrahim, l'embrassa, & lui dit : Vous estes mon Fils,

Mon Lieutenant, lui dona une robe d'honeur de grand prix, & le renvoya dans ses Etats.

Le Caliphe Mahadi dans son pelerinage à la Mecque, mena un homme avec lui, qui passoit pour un Saint, & qu'on appelloit Mansor. Le Caliphe arivé à la Mecque, fit de grandes liberalitez dans le Temple : & toy Mansor, dit-il, ne me demande tu rien. Il lui répondit: J'aurois honte de demander dans la maison de Dieu, à un autre qu'à Dieu, & de rien vouloir de tout ce qui n'est pas lui.

Au retour de ce pelerinage, Mahadi se trouva si plein de sentimens de pieté dans un grand orage qui fembloit confondre le Ciel avec la terre, qu'il fe profterna, & fit cette priere à Dieu : Si c'eft moi, Seigneur, que vous demandez, je fuis préparé au châtiment que je mérite : Mais ne regardez pas vos fideles comme vos ennemis.

Tous les Historiens conviennent, que le Caliphe Mostanser a surpassé tous ses prédecesseurs en clemence & en liberalité, il fit faire plusieurs Edifices publics pour la commodité de ses Sujets, & entr'autres le fameux College qui porte son nom, dans lequel il avoit un appartement & une galerie, d'où sans être vu, il entendoit tous les jours les Conferences des Docteurs.

Il a tant doné de marques de liberalité, que je ne pourois parler de toutes, j'en raporte la plus extraordinaire, dont on ait peut-être jamais oui parler. Un jour qu'il étoit monté dans la plus haute gallerie de son Palais, il vid que la plûpart des terrasses de la ville étoient remplies de diverses sortes d'habits, il voulut en sçavoir la raison : un des Visirs lui dit, que les Habitans de Bagdet exposoient ainsi leurs habits qu'ils avoient fait laver pour les secher au Soleil, à cause que le Bairan leur Fête solemnelle aprochoit : Je ne croyois pas, répondit-il, que ceux de Bagdet fussent si pauvres, ni qu'ils fussent obligez de faire laver leurs vieux habits, faute de neufs, pour celebrer la Fête.

En même tems il commanda

qu'on fist un nombre infini de balles d'or pour des arbalêtres, dont lui & ses Courtisans tiroient de la gallerie de son Palais sur toutes les terrasses où il voyoit des habits étendus au Soleil.

Cette grande liberalité a fait dire aux Auteurs de la vie de Mostanser, que ce Caliphe avoit épuisé en vingt années les trésors que ses prédecesseurs avoient amassez dans l'espace de cinq cens ans.

Ce Caliphe curieux de voir son trésor, y fut suivi d'un vieux Visir, & il y trouva une citerne pleine d'or & d'argent, & dit au Visir: Plût à Dieu que je vécusse assez pour voir la fin de tout cet or & de tout cet argent.

Le vieux Visir se prit à rire du souhait du Caliphe, qui lui en demanda le sujet.

Je me souviens, Seigneur, lui dit-il, que j'acompagnois un jour le Caliphe Nasser votre ayeul dans ce même lieu, & il manquoit deux brasses que cette citerne ne fût pleine. Nasser le remarqua, & dit: Plût à Dieu que je pusse assez vivre pour achever de la remplir.

A cette difference de sentimens entre vous, le rire m'est échappé; votre ayeul Nasser ne songeoit qu'à remplir la citerne, & vous ne pensez qu'à la vuider.

IEZDESERD mourut haï de ses Sujets, qui jugerent des mœurs de Baharan son fils, par celles de son pere. Le plein droit que ce jeune Prince avoit à la Couronne fut violé par eux, & presque d'une commune voix, ils mirent en possession du Royaume un Seigneur, nommé Khesra. Les Princes voisins secoururent Baharau, qui marcha pour combattre cet Usurpateur.

Il y avoit encore en Perse plusieurs amis de sa Maison, qui ne soufroient qu'à peine l'élection de Khesra: dés qu'ils sçurent sa marche, ils le joignirent, & charmez de la vue de ce Prince, où il paroissoit tant de force & de valeur, ils vouloient être des premiers au combat qu'on s'étoit proposé de doner.

Les plus moderez & les plus sages tenterent un acomodement entre ces deux Princes.

La paix ne se pouvoit conclure sans que l'un de ces deux Princes cédât le Royaume à l'autre, & la difficulté paroissoit insurmontable, lorsque Baharan proposa qu'on mît la Couronne Royale entre deux Lions affamez, & que celui qui la pouroit enlever, seroit jugé le plus digne de la porter,

& reconnu pour en être le legitime possesseur.

Les deux partis en convinrent, & le jour destiné pour ce fameux combat, on vid paroitre ces deux Princes.

Alors Baharan dit à Kesra: Allez donc enlever la Couronne. Kesra lui répondit : Je suis en possession du Royaume, vous y prétendez, c'est à vous à retirer la Couronne du lieu où elle est.

Baharan leger, & furieux comme un Tygre, se jetta sur les deux Lions, & sans armes que sa force & son courage, tua les deux Lions, se saisit de la Couronne, la mit sur sa tête, & parut devant Kesra,

DES MOEURS DES ROIS.

& tous les Grands de Perse, accourus de toutes parts à un spectacle si grand & si inouï.

Kesra vint à lui, l'embrassa, & le jugea digne de la Couronne qu'il avoit acquise.

PEU de Princes ont été plus attentifs à rendre justice que le Caliphe Mostanged; il avoit fait arrêter un Calomniateur, & il vouloit qu'il fût puni.

Un des Grands de sa Cour lui offrit deux mil dinars d'or pour la grace de ce coupable.

Mostanged lui dit: Mettez moi entre les mains un homme convaincu du même crime, & je vous en ferai donner dix mille.

LE Caliphe Mahadi se trouva un jour égaré à la chasse, abandonné des siens; & de plus, pressé de faim & de soif, il chercha quelque tente pour y manger, & rencontra un Arabe qui le conduisit à la siene, & lui donna du pain bis & du lait: le Caliphe lui demanda s'il n'avoit rien de plus à lui doner; l'Arabe aporta une cruche de vin.

Mahadi aprés en avoir bû un coup, lui demanda s'il le conoissoit: il répondit, que non. Je suis un Grand de la Cour du Caliphe, lui dit Mahadi; & aprés qu'il eut bû un second coup, il lui fit la même demande.

L'Arabe lui repliqua: Ne me l'as-tu pas déja dit.

Non, repartit le Caliphe, je suis plus grand encore que je ne t'ai dit, & bût un troisiéme coup, & lui fit encore la même demande.

L'Arabe lui dit qu'il s'en tenoit à ce qu'il avoit apris de sa propre bouche.

Mahadi ajouta: Je suis le Caliphe, devant lequel tout le monde se prosterne.

L'Arabe n'eut pas plûtôt entendu ces paroles, qu'il prit la cruche & l'emporta.

Le Caliphe surpris, voulut

sçavoir pourquoi il emportoit son vin.

L'Arabe lui répondit : J'ai peur, si tu bois un quatriéme coup, que tu ne te dise Prophete, & que si tu buvois le cinquiéme, tu ne te misse en tête de me convaincre que tu es le grand Dieu tout puissant.

Le Caliphe se prit à rire de la réponse de l'Arabe; ses Gens vinrent le joindre, & il fit doner une veste & un bourse d'argent à l'Arabe, qui lui dit alors tout transporté de joye: Je vous tiendrai toujours pour un homme veritable, quand même vous augmenteriez vos qualitez jusqu'à la quatriéme, & même encore jusqu'à la cinquiéme fois.

CHAPITRE VII.

EGIAGE-Ben-Joseph, un des plus éloquens, des plus braves, des plus grands Capitaines des Arabes du tems des Caliphes, & fait Gouverneur de l'Arabie & de l'Iraque Arabique par le Caliphe Abdalmalec aprés qu'il eut défait Abdala-Ben-Obair, qui avoit pris le titre de Caliphe, un jour qu'il se promenoit à la campagne, rencontra un Arabe du desert, qui ne le connoissoit pas, & lui demanda, quel homme c'étoit que

cet Hegiage dont on parloit tant. L'Arabe lui répondit, que c'étoit un tres méchant homme. Hegiage lui dit, ne me connois-tu point? L'Arabe lui répondit, non. Sache, lui répondit Hegiage, que c'est Hegiage même à qui tu parles.

L'Arabe lui répondit, sans s'étonner; & toi sçai-tu qui je suis? Non, repliqua Hegiage.

Je suis de la maison Dabdala-Ben-Obair, lui répondit l'Arabe, dont les descendans deviennent fous trois jours de l'année, & ce jour-ci est l'un des trois.

Hegiage se prit à rire, il admira sa presence d'esprit, & en faveur d'une réponse si ingenieuse il lui fit grace, & même estima toujours depuis son esprit & son courage, lui qui étoit le plus severe & le plus cruel de tous les hommes.

Quelques uns se plaignirent à lui de ses violences contre ses Sujets, & même lui parlerent de la crainte qu'il devoit avoir des Jugemens de Dieu.

Il monta aussi-tôt dans la tribune pour se faire mieux entendre au Peuple : & sans être préparé, leur fit ce Discours avec son éloquence ordinaire.

C'est de Dieu seul, que je tiens la Puissance que j'ai sur vous, & si je l'exerce avec quelque severité, ne croyez pas qu'aprés ma mort mes successeurs soient obligez d'en avoir moins que moi : de la maniere que vous vivez, vous serez toujours mal-traitez. Dieu, a un nombre infini de Serviteurs; & quand je serai mort, il vous en envoyera un autre qui executera ses Ordres contre vous, peut-être avec plus de rigueur.

Voulez-vous que le Prince soit doux & moderé ? exercez la Justice contre vous, & obéissez à ses Ordres, & dites-vous à vous-mêmes, pour le croire, & pour en profiter, que vos déportemens sont le principe des bons & des mauvais traitemens que vous recevez de lui.

Le Prince doit être comparé à la glace d'un miroir, tout ce que vous voyez dans cette glace n'est qu'un renvoi des objets que vous lui presentez.

On raporte qu'Hegiage disoit souvent, pour excuser la rigueur dont il usoit envers ses Peuples, que le gouvernement severe, & même violent, étoit préferable au gouvernement foible & trop indulgent : que le severe ne fait tort qu'à quelques particuliers, & que le doux blesse tout le Peuple.

Hegiage s'égara un jour à la chasse, se trouva seul, & pressé d'une extreme soif, il cherchoit quelque ruisseau pour fi defalterer, lorfqu'il arriva dans un lieu écarté où un Arabe faifoit paiftre fes chameaux, dés qu'il parût les chameaux s'éfaroucherent.

L'Arabe tourna la tefte vers lui, & d'un air de hauteur, & d'un ton qui marquoit fa colere, lui dit: Qu'eft-ce que c'eft donc que cet homme qui vient dans le defert éfaroucher mes chameaux avec fes beaux habits? la malediction de Dieu puiffe tomber fur lui.

Hegiage fans s'offenfer des paroles de l'Arabe, s'aprocha de lui, le falua, lui fouhaita la paix & toutes fortes de prof-peritez.

L'Arabe fans lui rendre fon

salut, lui repartit brusquement qu'il ne lui souhaitoit ni la paix ni aucune benediction de Dieu. Hegiage feignit de ne le pas entendre, & lui demanda fort humblement de l'eau à boire: Hé bien, lui repartit l'Arabe, si tu veux boire baisse-toi & puise toi-même ; je ne suis ni ton compagnon, ni ton esclave. Hegiage obéit à l'Arabe, & dés qu'il eut bû lui demanda, qui crois-tu qui soit le plus grand de tous les hommes ? C'est le Prophete envoyé de Dieu, en dûs-tu crever de dépit, lui repliqua l'Arabe. Hé ! que dis-tu d'Ali, ajouta Hegiage ? Qu'on ne peut bien exprimer tout ce qu'il y a d'admirable en lui, répondit-il. Enſuite Hegiage lui demanda ce qu'il penſoit du Caliphe Abdalmalec, qui régnoit, & dont Hegiage étoit Lieutenant General & Gouverneur preſqu'abſolu dans l'Iraque Arabique,

L'Arabe ne répond rien d'abord: mais preſſé de parler, il dit qu'Abdalmalec étoit un mauvais Prince: Pourquoi, repartit Hegiage ? Il nous a donné pour Gouverneur le plus méchant homme qui ſoit ſous le Ciel, repliqua l'Arabe: Hegiage qui connut que l'Arabe parloit de lui, ne diſoit plus rien, lorſqu'un oiſeau*qui voloit au deſſus d'eux, fit un cri que l'Arabe n'eut pas plûtoſt entendu qu'il le regarda fierement, & lui demanda qui il étoit ; Hegiage voulut ſçavoir pourquoi il lui faiſoit cette queſtion : C'eſt, dit l'Arabe, que l'Oiſeau qui vient de paſſer m'a dit qu'il y avoit quelques Troupes prés d'ici, & que vous pouriez bien en être le Chef, les gens d'Hegiage arriverent, & ils eurent ordre d'emmener l'Arabe avec eux.

Le lendemain Hegiage le fit aſſeoir à ſa table, & lui commanda de manger, l'Arabe avant de manger, fit la benediction ordinaire, & dit :

Dieu veuille que la fin du repas ſoit auſſi heureuſe que

l'entrée. Pendant le repas Hegiage lui demanda s'il se souvenoit de tout ce qu'ils s'étoient dit le jour précedent ; l'Arabe lui répondit : Dieu te fasse prosperer en tout : mais quant au secret d'hier, garde toi bien de le divulguer aujourd'huy. Je le veux bien, dit Hegiage ; mais choisis l'un ou l'autre de ces deux partis, ou de me reconnoître pour ton Maître, & je te retiendrai à mon service, ou d'être envoyé à Abdalmalec, auquel je ferai sçavoir tout ce que tu m'a dit de lui. L'Arabe écouta la proposition d'Hegiage, & repartit : Tu pourrois prendre un troisiéme parti, & qui me paroit beaucoup meilleur: quel est-il, demanda Hegiage? De me renvoyer à mes chameaux éfarouchez, & que nous ne nous voyons jamais.

Tout cruel qu'étoit Hegiage, il prit plaisir à ce que lui dit l'Arabe, lui fit donner dix mil dragmes d'argent, & le renvoya chez lui.

Peu de Princes ont eu plus d'esprit & de valeur que le Sultan Thogrul, il s'abandonna trop aux femmes & au vin: la Perse n'a guére plus souffert de dissentions & de revoltes que dans le tems de son Regne: les plus grands & les plus considerables de ses Sujets qui s'étoient jettez dans les ennemis sous couleur de venir se soumetre à lui & implorer sa clemence, le trahirent, l'arrêterent & partagerent tous ses Etats entre eux: quelque temps aprés il se sauva de prison par la vigilante fidelité de Houssameddin,

General de ſes Troupes ; au bruit de ſa liberté, on vint à lui de toutes parts, & ſa vûe & ſon exemple inſpirerent tant de confiance à ſon Armée, qu'il défit les rebelles & les punit; par cette victoire qui le rendoit plus Maiſtre que jamais de la Perſe, il crût n'avoir plus rien à craindre; mais Firnah femme Databek, un des grands revoltez punis, à la ſolicitation de ſon fils Koutlouk, entreprit d'empoiſonner le Sultan Thogrul.

Ce deſſein lui paroiſſoit d'autant plus facile qu'elle demeuroit dans le Harem des Femmes de Thogrul; il en fut averti, il la prévint, il lui fit prendre à elle même le poison qu'elle avoit préparé pour lui, & dont elle mourut aussi-tôt; il fit ensuite arrêter Koutlouk, & par cette précaution sa propre vie étoit en sureté s'il n'eût pas eu trop de clemence pour Koutlouk qu'il mit en liberté; dés que cet ingrat fut sorti de prison, il ne se servit de sa liberté que pour ôter la vie & la couronne au Sultan, il leva des Troupes qu'il joignit à l'Armée de Bakasch, Roy de Khouarezm, & entra dans l'Iraque, où il y prit un poste avantageux, le Sultan le sçût, marcha à lui, l'attaqua & le défit.

Alors le Sultan Thogrul, qui

se crût délivré de ses ennemis, se redonna plus que jamais aux femmes & au vin, quoiqu'il apprit que le Roy de Khouarezm, & Koutlouk levoient une puissante Armée pour venir encore fondre sur l'Iraque : en repos sur la gloire & sur la prosperité des ses armes, endormi même au milieu des voluptez, il ne profita d'aucun avis donné assez à temps pour combatre, & pour vaincre encore.

Il porta ses débauches à un tel excés, que les Grands de sa Cour, irritez de sa négligence à se conserver, & de son oubli pour le pressant besoin de ses Etats, écrivirent au Roy de

Khouarezm, & à Koutlouk de se hâter, s'ils vouloient surprendre Thogrul plongé dans les plaisirs.

Le Roy de Khouarezm ne méprisa point cet avis, & il fit une diligence si grande qu'il arriva au Port de Rey, dans le temps que Thogrul étoit comme noyé dans le vin.

En cet état, il se mit à la tête de ses Troupes, & prononça quelques vers qui disoient.

Aussi-tost qu'on vid de loin la poussiere excitée par cette Armée qui s'avançoit, la joye parut sur le visage de mes soldats, & de mes Capitaines. D'un seul coup de masse d'armes, j'ouvris le chemin à mes

Troupes au milieu de mes ennemis, & les efforts de mon bras furent si violens que sans quitter les arçons, je fis tourner la Terre.

Comme il disoit ces vers, animez par la chaleur du vin, & qu'il levoit sa masse comme s'il eût voulu fraper, il en déchargea un si grand coup sur une des jambes de son Cheval, que le Cheval s'abbatit sous lui, il fut même renversé de cette chute.

Koutlouk qui le vid par terre, courut à lui, & d'un seul coup lui coupa la teste, & termina par le même coup la durée de la puissance des Selgiucides.

Un Poëte Perſien dans ces vers parle ainſi à ce Prince mort:

Grand Roy, le monde a aujourd'hui le cœur ſerré, & l'azur des Cieux change même à tout moment de couleur, hier il y avoit peu de diſtance entre votre teſte & la voute du Ciel.

Aujourd'hui, il y en a une fort grande entre votre teſte & votre Corps.

Ce Prince n'étoit pas ſeulement renommé par ſa valeur qui le faiſoit comparer à Asfendiar & à Roſtan, mais encore par ſon eſprit & par ſa ſcience, & il faiſoit ſi bien des vers en Langue Perſienne, que beaucoup d'Auteurs comparent sa poesie à celle d'Anvari & de d'Hathir, en voici des siens.

La possession du bien que j'aimois, rendoit hier mon ame comble de joie.

Aujourd'hui, une séparation cruelle me desole & me consume, tel est l'état déplorable de ma vie, la fortune efface aujourd'hui ce qu'hier elle avoit écrit de favorable pour moy.

Le Poete Nozami admiroit plus la Doctrine de Thogrul, que sa puissance, & disoit de lui:

Qu'il donnoit de l'éclat au Trône du Royaume de l'Esprit, & qu'il avoit conquis toute l'étendue du Païs de l'Immortalité.

Massadah Visir du Caliphe Amamon, mourut proche la ville de Tarse, dans l'expedition que ce Caliphe fit en Cilicie; aprés la mort de ce Visir, on fit couler entre les mains d'Almamon un billet, par lequel on lui donnoit avis que Massadah avoit laissé dans sa famille une autre grande somme de deniers, le Caliphe écrivit sur le dos du billet:

C'est peu pour celui qui nous a aproché de si prés, & qui nous a servi tant de tems.

CHAPITRE VIII.

ASMAI étoit un des plus celebres Docteurs du Musulmanisme, tres versé dans les traductions, & qui de plus avoit une parfaite intelligence de l'Alcoran; le Caliphe Haroun, quoique fort habile Prince, ne dédaigna pas de le prendre pour son Maître; mais le Disciple voulut lui donner une premiere leçon digne de son rang & de sa capacité.

Le Caliphe lui parla en cette maniere : Ne m'enseignez jamais en public, & ne vous empressez pas trop de me donner des avis en particulier, attendez que je vous interroge, & contentez-vous de me donner une réponse précise à ce que je vous demanderai, sans y rien ajoûter de superflu ? Gardez-vous sur-tout de me vouloir préocuper pour vous attirer ma confiance, & pour vous donner de l'autorité.

Ne vous étendez jamais trop sur les Histoires & sur les Traductions que vous me rapporterez, que je ne vous le permette : lorsque vous verrez que je m'éloignerai de l'équité de mes jugemens, ramenez-moi avec douceur : Aprenez-moi l'agréable & l'utile pour les discours que je dois faire en public, dans les Mosquées & ailleurs, & ne me parlez point en termes obscurs, mysterieux, ou recherchez.

GEMIL & Schanbah si celebres par la constance de leurs amours & que les Poetes Arabes & Persiens ont tant chanté, vivoient sous le regne du Caliphe Abdalmalec.

Ce Prince desira voir Schanbah tant aimé de Gemil, & dés qu'il la vid, il la trouva noire & maigre, & comme il étoit bon Poete, il fit ces vers, & les dit à Schanbah ; en voici le sens.

Quels traits de beauté Gemil a-t'il découvert en vous, par où êtes vous devenue le choix de ses yeux & de son cœur ?

Quels charmes en vous plus forts & plus séduisants que ceux des autres femmes, ont pû le rendre le seul objet de ses amours ?

Ne vous offensez pas si je vous dis que nous appellons toujours une personne laide lorsqu'elle a le visage maigre & le teint aussi noir que vous.

Schanbah dont l'esprit étoit fort vif, & qui excelloit dans la Poesie, se sentit piqué des vers du Caliphe, & lui répondit sur le champ par d'autres, que je rends en prose.

Ne vous offensez pas si je vous demande quel merite ont reconnu en vous les Peuples de la terre, eux qui vous ont choisi entre tous pour commander à tous.

Le seul digne de l'estime des hommes, est celui dont l'ame est belle & ressemblante au diamant dont l'éclat n'est terni par aucune tache.

Abdamalec surpris d'une repartie si libre & si spirituelle, loua l'esprit de Schanbah, lui fit des presens dignes d'un grand Prince, & la fit remener à Gemil son amant.

ABDALA, premier Caliphe & surnommé Abubecre, interrogé qu'elle étoit la plus petite chose que Dieu eût creé, il répondit : C'est le monde ; selon l'Alcoran il ne pese pas plus aux yeux de Dieu que l'aile d'un moucheron, & il ajouta : Mais celui qui le recherche & qui l'estime est encore plus petit & plus leger que lui.

Il disoit encore, que celui qui croit pouvoir contenter ses desirs par la possession, ressemble à celui qui veut étoufer du feu avec de la paille.

Mahomet disoit de lui, qui veut voir un prédestiné, qu'il

regarde Abubecre.

Ce Caliphe n'avoit jamais pris une seule dragme d'aucun Musulman, ni tiré du trésor de l'Etat, que son necessaire pour l'entretien d'un chameau, d'un Esclave Abissin, & de l'habit qu'il portoit.

A sa mort il commanda qu'on remit entre les mains d'Omar son successeur, son habit, son chameau & son Esclave.

Quand Omar sçut sa mort & vid ce qu'Abubecre avoit ordonné de lui rendre, il dit: Dieu fasse misericorde au Caliphe Abubecre: mais il a vécu de sorte que ceux qui viendront aprés lui, auront bien de la peine à l'imiter.

BENCORACH fils de Corach, un des compagnons de Mahomet, se trouva un jour avec Hegiage dont j'ai parlé ; l'Huissier vint avertir qu'il y avoit un Kateb ou Secretaire à la porte: Que ces gens-là sont dangereux, dit Bencorach : le Secretaire entra & fut bien reçu d'Hegiage, & dés qu'il l'eut congedié : Sans le titre de Compagnon de Mahomet attaché à votre famille, dit Hegiage à Bencorach, je vous ferois couper la tête, l'Alcoran commande d'honorer les Ecrivains.

Bencorach repartit: J'entens parler des Secretaires du Divan, & non pas des Anges, qui sont appellez Ecrivains dans l'Alcoran, parcequ'ils écrivent les actions des hommes, pour les produire au jour du Jugement.

ON raporte un exemple de moderation tres rare du Caliphe Haſſan, fils d'Ali, petit fils de Mahomet: dans le tems qu'il étoit à table, un Eſclave renverſa & fit tomber ſur ſa tête un plat tout bouillant, dont il fut bleſſé.

Cet Eſclave ſe jetta auſſi-tôt à ſes pieds, & lui dit ces paroles de l'Alcoran.

Le Paradis eſt pour ceux qui repriment leur colere. Haſſan lui répondit: Je ne ſuis point en colere. L'Eſclave continua, & pour ceux qui pardonnent les fautes. Je te pardonne les tienes, lui dit le Caliphe.

l'Esclave acheva le reste du passage, qui dit : Dieu aime surtout ceux qui font du bien à ceux qui les ont offensez.

Le Caliphe repartit : Tu n'es plus Esclave, & je te donne deux cens dinars.

Le Caliphe Haroun dormoit peu ; une nuit qu'il traverſoit ſeul les appartemens de ſon Palais, il trouva une des filles de la Reine endormie : il crut l'occaſion favorable pour obtenir d'elle ce qu'il deſiroit, & dont elle s'étoit pluſieurs fois défendue d'une maniere à lui faire perdre les plus legeres eſperances.

Cette fille éveillée, preſſée par ce Prince, le pria d'attendre juſqu'au lendemain, & que tous refus oubliez elle eſſayeroit de ſe faire un bonheur du plaiſir de ſe donner toute à lui.

Le Caliphe la quitta, content de cette promesse, & ne manqua pas le lendemain de lui en faire demander l'effet par son Confident.

Cette fille pleine d'esprit & de sagesse, lui envoya pour toute réponse ce vers Arabe, qui depuis à passé en proverbe:

Les paroles de la nuit ne se donnent que pour faire venir le jour.

Haroun surpris de cette réponse, commanda qu'aucun Poete de ceux qui demeuroient au Palais n'en sortît, avec ordre de le venir trouver. Dés qu'ils furent en sa présence il leur dit ce vers, & leur ordonna de faire quelque chanson où ce vers fût compris.

Les Poetes obéirent, mais pas un n'y réussit mieux que Abounavas: il fit entrer ce vers dans ceux qu'il fit, avec tant d'art & d'agrément, qu'il sembloit dire tout ce qui s'étoit passé entre le Prince & cette fille: son trop de penetration pensa lui coûter la vie.

Haroun fit des presens aux autres Poetes, & lui dit, qu'il meritoit la mort pour avoir vu tout ce qui s'étoit passé dans l'appartement le plus secret de son Palais, entre cette fille & lui.

Abounavas d'autant plus étonné de ce discours, qu'il

n'étoit point sorti de son appartement, protesta au Caliphe qu'il pouvoit produire des témoins comme il n'étoit point sorti de son appartement.

Ils furent entendus sur sa justification ; & le Caliphe apaisé, lui fit des présens comme aux autres.

Ce Poete dans son voyage d'Egypte plut aux Grands de cette Cour, & en reçut mille marques de distinctions & de bontez.

Un jour il presenta un de ses Poemes au Prince, & à l'Abissine Safia sa Maitresse, une des plus belles personnes de son tems, il n'eut aucune gratification ; à peine fut-il regardé du Prince. Abounavas picqué, aprit que le Prince avoit donné à Safia une robe enrichie de pierres précieuses, ces vers lui échapperent.

Mes vers ont été perdus à votre égard ; comme vos pierreries à l'égard de Safia.

On lut ces vers au Prince, il fit venir le Poete, & lui demanda s'il en étoit l'Auteur.

Abounavas répondit, qu'il avoit fait quelques vers à sa louange & à celle de Safia : Mais que peut-être ses ennemis en avoient changé le sens, à dessein de l'irriter contre lui, & il recita les mêmes vers dans un sens contraire, une seule lettre changée : les voici.

 Ces vers ont brillé sur votre sujet, de-même que les pierreries éclatent sur l'habit de Safia.

 Le Prince en parut content, & lui fit quelques graces.

LE Visir Busurgem fut destiné par Khosroes, Roy de Perse, surnommé Nouschirvan, pour Gouverneur de son fils Hormus.

Entre tous les soins qu'une Charge si penible lui demandoit, il en avoit un tres contraignant ; le jeune Prince donnoit les nuits aux festes & la pluspart des jours au someil. Busurgem l'éveilloit souvent, & jamais sans lui faire l'éloge de la diligence, qu'il lui peignoit si necessaire dans tous les états de la vie, surtout dans les affaires d'Etat & dans les victoires qu'on veut obtenir.

Le jeune Prince fatigué de ces remontrances chagrinantes, commanda secretement à quelqu'un de ses Domestiques, que le plus matin qu'il se pouroit, on allât attendre Busurgem au sortir de chez lui, & qu'on le volât.

Cet ordre fut si bien suivi, que Busurgem, pour ne pas manquer son heure, qui n'étoit jamais celle du Prince, fut contraint de paroître devant lui assez en desordre & volé: Le Prince qu'il informa de son avanture, lui dit: Votre diligence vous a livré aux voleurs. Il répondit, que les voleurs avoient encore été bien plus diligens que lui, & qu'en cela leur étoile étoit plus heureuse que la siene : il ajoûta cette instruction à sa réponse.

Que la vigilance est le miroir de la lumiere celeste, le flambeau des sciences, le trésor de la vertu & de la joye; enfin la clef des portes de la victoire : levez vous donc, lui dit-il ensuite, afin que le Soleil du bonheur se leve sur votre tête, & que le vent excité par la fraîcheur du matin, fasse couler dans votre ame la pluye des graces du Ciel, & des vertus de la terre.

Il se trouva un jour dans une conference qui se tenoit devant le Roy Khosroes entre deux Philosophes, l'un Grec,

& l'autre Indien : aprés plusieurs questions faites & decidées, on proposa de juger, lequel de tous les malheurs étoit le plus grand.

Le Philosophe Grec dit, que c'étoit une vieillesse imbecile, jointe à une extrême pauvreté.

Le Philosophe Indien, que c'étoit la maladie du corps & de l'esprit.

Et moi, dit Busurgem, je pense que le plus grand & le plus honteux de tous les malheurs, c'est celui d'être arrivé à son dernier terme, sans avoir mis la moindre vertu dans ses mœurs; les deux Philosophes revinrent à son sentiment.

ABOU-ALY estimé par sa Doctrine & par la pureté de sa vie, interrogé par le Caliphe Haroun s'il connoissoit quelqu'un qui fist profession d'un plus grand détachement que le sien, il lui répondit: Ouy, Seigneur, & c'est vous-meme: pour moi je n'ai quitté que les choses de ce monde, qui sont fort méprisables, & il me paroît que vous avez absolument abandoné celles de l'autre vie, qui sont d'un prix inestimable.

GIHAN-KATUM, qui veut dire la Dame du Monde, n'eſt pas une des premieres Dames Illuſtres que de grands Princes aient aimée.

Cette Princeſſe étoit en réputation de mieux faire des vers qu'aucune de ſon ſexe.

Un jour qu'elle étoit au bain, le Sultan ſon mari lui jetta une petite boule de terre à deſſein de la faire parler : elle lui dit ces vers de Zahir, Poete Perſien, dont le ſens eſt.

Le monde reſſemble à un château demi ruiné & bâti ſur le plus rapide cours d'un torent, qui ſans ceſſe en entraîne quelques murs & quelques fondemens: c'est en vain que vous pensez le reparer avec un peu de terre.

Gihan signifie le Monde, elle en portoit le nom.

LE Sultan Mahmoud, si fameux par ses victoires & par ses conquêtes, étoit un des plus laids hommes du monde, un jour qu'il se regardoit au miroir, toute sa laideur lui aparut: dans le chagrin de la voir si grande, il dit le sens de ces vers.

J'ai fait repolir la glace de mon miroir, & je l'ai presentée à mes yeux, que m'a-t-il apris? tous mes défauts, & je les trouve si grands, qu'ils me font oublier ceux des autres.

Son Visir qui le vid chagrin, lui en demanda la cause.

Le Sultan lui répondit : J'entens toujours dire, que la face du Prince réjouit la vue de ses Sujets, je m'étonne que la mienne aussi difforme qu'elle est, puisse trouver des yeux qui ne se blessent pas & qui ne se refusent pas de la voir.

Le Visir lui repartit: L'Excellence de l'homme ne consiste pas dans la bonne mine; les qualitez de l'esprit & les grandes vertus sont les veritables fondemens de la beauté, un seul à peine entre mille de vos Sujets verra votre visage: Mais vos mœurs, vos vertus, sont regardées de tous, & les cœurs que vous gagnez par elles ne se perdent jamais: quand vos mœurs n'auront pas plus de difformité que votre visage, aucun ne s'en plaindra.

Le Sultan Mahmoud par les judicieux conseils de ce sage Visir, devint le modele des grands Rois, par sa foy, par sa prudence & par sa valeur.

Sous le regne de ce grand Prince un Turc de ses troupes força la nuit la maison d'un pauvre homme, qu'il mal-traita, de sorte qu'il fut contraint d'abandonner sa femme & ses enfans : cet homme outré de douleur, se plaignit au Sultan des outrages que le Turc lui avoit faits.

Il en fut écouté si favorablement, qu'il lui dit : Si le Turc retourne chez toi, viens m'avertir. Le Turc y revint trois jours aprés. Mahmoud le sçut, & vint avec quelques uns des siens à la maison de ce pauvre homme : d'abord qu'il fut entré, il fit éteindre la lumiere, & mettre le Turc en pieces.

Ensuite le Sultan voulut à la clarté d'un flambeau qu'il fit alumer, reconnoitre le visage de celui qu'il avoit fait tuer: dés qu'il l'eut reconu, il se prosterna, rendit graces à Dieu, & demanda quelque chose à manger: cet homme qui vivoit dans une extrême pauvreté, ne put lui presenter que du pain d'orge & du vin gâté.

Le Sultan but & mangea, & prêt à sortir du Palais, cet

homme qui venoit de recevoir une si prompte justice de son Prince, le suplia de lui dire pourquoi il avoit d'abord fait éteindre la lumiere, pourquoi il s'étoit prosterné aprés la mort du Turc ; enfin comment il avoit pû se résoudre à manger.

Mahmoud lui répondit fort humainement : Depuis que vous m'avez porté votre plainte, j'ai toujours eu dans l'esprit que ce ne pouvoit être qu'un de mes enfans qui vous eût outragé, j'ai voulu vous vanger ; & comme je ne voulois pas que sa vue m'atendrit, j'ai fait éteindre la lumiere : mais enfin j'ai reconnu que ce n'étoit aucun de mes enfans, j'en ai remercié & loué Dieu, & si je vous ai demandé à manger, c'est que le chagrin de l'outrage qu'on vous a faite, m'avoit ôté le repos & le desir de manger.

Aprés que ce Sultan se fut rendu Maître de la Province d'Iraque, il en donna le Gouvernement à son fils Massoud.

Un jour que la Caravane en partoit, elle fut pillée par une troupe de voleurs, plusieurs Marchands furent tuez & entr'autres le fils d'une veuve nommée Zal ; cette femme vint à la Cour de Mahmoud, & lui demanda justice de la mort de son fils.

Le Sultan lui répondit, que la Province d'Iraque étoit éloignée de son Empire, & qu'il étoit fort difficile qu'il remediât à tous les desordres qui pouvoient y arriver.

Elle lui dit : Pourquoi faites-vous plus de conquêtes que vous n'en pouvez garder, & dont vous ne puissiez répondre au jour du Jugement, lorsqu'on vous en demandera compte ?

Ces paroles firent tant d'impression sur ce Prince, qu'aprés qu'il eut renvoyé cette veuve avec de riches presens, il fit publier par toute la Province d'Iraque, qu'il prenoit sous sa protection la vie & les biens de tous les Marchands qui passeroient en Caravane de l'Iraque aux Indes, & les ordres qu'il donna mirent en seureté tous ceux qui faisoient ce voyage.

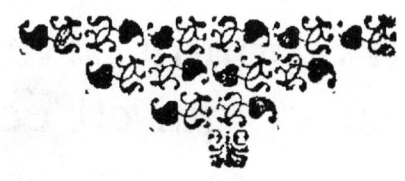

LE Caliphe Haroun Alrafcheid marchoit à la tête de son armée, lorsqu'une femme vint se plaindre à lui de ce que ses soldats avoient pillé sa maison.

Il lui répondit : Ne sçavez-vous pas ce qui est écrit dans l'Alcoran ; lorsque les Princes passent en armes en quelque endroit, ils le détruisent.

La femme lui repliqua : J'ai lû aussi dans le même livre ces paroles : Mais les maisons de ces Princes seront desolées, à cause des injustices qu'ils ont commises.

Cette réponse hardie & sçavante, fut si bien reçue d'Haroun, que sur le champ il donna ordre de reparer le dommage qu'elle avoit souffert.

UN Esclave du Caliphe Motavat-Kel, l'avertit que les Grands de son Etat conspiroient contre sa personne; cet avis le fit résoudre de les prevenir, & de se défaire de tous ceux qui lui étoient suspects. Pour cet effet, il les fit convier à un festin qui devoit être le dernier de leur vie: sur la fin du repas le Caliphe prit son épée, tua plusieurs conviez de sa main, & fit livrer les autres entre les mains de ses executeurs. Aprés cette action, tout animé qu'il étoit encore, il passa dans un de ses appartemens l'épée sanglante à la main, & trouva devant lui un de ses domestique zelé, qu'il aimoit beaucoup: cet homme fut d'abord effrayé de voir le Caliphe venir à lui l'épée haute, & le fut encore bien plus, quand il lui dit, l'épée menaçante sur la tête : J'ai tué un tel, un tel, encore un tel, & plusieurs auautres qu'il lui nomma.

Ce domestique lui dit: Cela va fort bien; mais il faut que vous & moi vivions: à cette réponse si naïve & si naturelle, le Caliphe ne put s'empêcher de rire, il calma sa colere, & remit son épée.

Dans ses débauches avec

ses amis, il faisoit quelque fois lâcher un lion, dont la vue épouvantoit tous les conviez, couler des serpens sous la table, & casser des pots pleins de scorpions au milieu de la salle, sans qu'il fût permis de se lever de table, ni de changer de place. Quelques uns de ses amis en étoient-ils picquez ou mordus, on les guerissoit par un excellent theriaque.

On n'a que trop de preuves que son fils Montasser conspira contre lui pour quelques outrages qu'il en avoit reçu : un jour que le Caliphe tenoit une épée qui lui coûtoit dix mil dinars d'or, il dit à Farach, son Visir ; Je voudrois trouver parmi mes esclaves Turcs, un vaillaint homme à qui je pusse mettre cette épée à la main pour veiller à la conservation de ma personne.

Farach qui vid entrer Bagher, lui répondit : Voilà Bagher le plus brave de tous vos Turcs, il est digne de recevoir ce present de votre main: le Caliphe lui donna l'épée & de grands appointemens.

On dit que Bagher ne tira cette épée que pour tuer Motavakel, dont il l'avoit reçue.

Un jour que le Caliphe étoit encore en débauche, ses esclaves Turcs entrerent l'épée à la main, & Bagher à à leur tête. Un de ceux qui étoient à table qui les aperçût le premier & qui ne fçavoit pas l'horrible deffein des Turcs, fe prit à rire, & dit: Ce n'eft plus la journée des ferpens ni des lions, c'eft celle des épées.

Le Caliphe qui l'entendit parler d'épées, dit au Rieur; Qu'eft-ce que tu veux dire? A peine achevoit-il ces paroles, que les Turcs fe jetterent fur lui, & le taillerent en pieces. Son Vifir qui le vouloit défendre, & qui s'écria de toute fa force, O Motavatkel je ne veux point vivre aprés vous, fut auffi tué avec le Caliphe; mais fon Bouffon qui s'étoit caché deffous une eftrade à la vue des épées, aprés avoir entendu les paroles du Visir, & vû ce qu'il lui étoit arrivé, se mit à crier : O Motavatkel, je serai fort aise de vivre aprés vous.

CHAPITRE IX.

DAns la bataille qu'Hegiage gagna en Arabie contre Abdalrahman, qui s'étoit revolté contre le Caliphe Abdalmalek, il prit plusieurs Officiers, & resolut de les faire tous passer au fil de l'épée : un de ceux qu'on alloit faire mourir, s'écria qu'il avoit une justice à demander à Hegiage.

Hegiage surpris de ce discours, lui demanda ce qu'il prétendoit de lui. C'est, dit l'Officier, que notre General s'emporta un jour de paroles contre vous &, que je lui dis, qu'il avoit tort.

Hegiage voulut sçavoir s'il avoit quelque témoin de son action, il lui répondit que ouy, & montra un prisonnier destiné à la mort comme lui, & qui avoit été present.

Hegiage aprés avoir sçû la verité du fait, dit au témoin : Et toi, pourquoi n'en fis tu pas autant ? Cet homme lui répondit fierement : Je ne l'ai pas fait, parceque j'étois votre ennemi.

Hegiage leur donna la vie à tous deux, à l'un en reconnoissance de l'obligation qu'il lui avoit; & à l'autre, pour avoir avoué la verité avec tant de courage.

Benziad homme d'esprit, & de bon sens, vivoit du tems d'Hegiage, dont il desaprouvoit la conduite. Hegiage le fit venir & lui reprocha que tel jour dans tel jardin & devant telles personnes qu'il lui nomma, il avoit fait plusieurs imprécations contre lui, & que sa fureur étoit allée jusqu'à dire de lui, que le Seigneur noircisse sa face, qu'il ait la tête coupée, que son sang soit répandu.

Benziad avoit l'esprit present, il répondit : Il est vrai que j'ai prononcé ces paroles dans le jardin que vous dites: mais j'étois fous une treille & je regardois des grappes de raifins qui n'étoient pas encore meures, & je fouhaitois qu'elles devinffent bien-tôt noires, afin qu'on les coupât, & qu'on en fift du vin.

Cette ingenieufe juftification plût fi fort à Hegiage, que Benziad fe trouva remis dans fes bonnes graces dans le tems qu'il fe croyoit perdu.

La sévérité du Caliphe Motadhed étoit si grande, que sur la plainte qu'un particulier lui fit d'un Soldat qui avoit pris par force quelques raisins dans sa vigne, il commanda qu'on fist venir le Soldat & son Capitaine, pour ordonner de leur punition.

Un de ses Visirs lui demanda quelle faute ce Capitaine avoit faite.

Il lui répondit, que pendant le regne de son oncle il l'avoit vu tuer un homme injustement, & que dés-lors il avoit fait vœu que s'il parvenoit au Caliphat, il le feroit punir, s'il tomboit dans quelqu'autre faute.

Il m'a paru qu'un autre fait de ce Prince meritoit d'être raporté. Il voulut emprunter d'un homme fort riche une quantité d'argent considerable. Cet homme lui dit, prenez telle somme qu'il vous plaira.

Le Caliphe lui dit; quelle seureté avez-vous que je vous rende cet argent? Il lui répondit: Dieu vous a confié le Gouvernement de ses terres & de ses serviteurs, vous vous en acquittez si bien, pourquoi craindrois-je de vous confier aussi mon argent?

Le Caliphe fut si fort attendri, par ces paroles, qu'il se desista de l'emprunt qu'il vouloit faire.

UN jour que le Sultan Mahmoud étoit à table, un Fou se presenta pour entrer, il parloit seul, il marchoit, il se demenoit, & faisoit assez remarquer ce qu'il étoit. Le Sultan qui l'aperçut, envoya un Huissier lui demander ce qu'il vouloit.

Le Fou répondit: Je voudrois bien manger une queue de mouton rôtie.

Le Sultan, pour se divertir, commanda secretement qu'on lui fist rôtir une de ces belles raves qui ressemblent fort à une queue de mouton, & qu'on l'aportât: le Fou tres affamé, la mangea toute entiere & d'un grand appetit.

Le Sultan lui demanda s'il l'avoit trouvée fort à son goût: il lui fit réponse, qu'elle étoit fort bien rôtie ; mais qu'il s'appercevoit que sous son regne les queues de mouton, qui sont si délicates en ce pays-là, n'avoient plus ni la graisse ni le goût qu'elles avoient auparavant.

Cette réponse si piquante, fit faire une reflexion tres serieuse à ce grand Prince, lequel avoit entendu les vers d'un Poete qui dit: quand le Prince traite mal ses Sujets, il leur fait perdre le goût du boire & du manger.

Le bonheur de l'Etat dépend de la justice & de la clemence du Prince.

ARDSCEHIR étoit le quatriéme Fondateur de la souche Royale des Rois de Perse, il possedoit toutes les vertus militaires & civiles à un si haut point, qu'il devint le modele que ses successeurs se sont proposez de suivre, lorsqu'ils ont fait leur felicité du bien de leurs Etats; ses grands exploits, dont l'histoire ne parle qu'en general, & les grands ouvrages qu'il a laissez aprés lui, dont il est resté une connoissance plus particuliere, nous donnent la plus grande idée qu'on puisse former d'un Prince tres accompli.

Dans le Journal qu'il fit faire de ses entreprises, de ses victoires & de ses conquêtes; ses actions particulieres & jusques à ses discours y étoient mis sans déguisement; il avoit en horreur les moindres flateries, & le plus sincere de ses Courtisans étoit préposé pour l'interroger tous les matins sur tout ce qu'il avoit dit, & sur tout ce qu'il avoit fait le jour precedent, & lui en faisoit rendre compte.

Outre ces commentaires de sa vie, il a laissé un autre ouvrage intitulé, REGLE POUR BIEN VIVRE, dans lequel il prescrit à ses Successeurs & à ses Sujets comment ils doivent se comporter dans la plufpart des actions de leur vie.

Un de ses plus beaux Reglemens fut celui de ranger les peuples en diverses classes de professions & de métiers, & de donner à chacune des instructions, des Docteurs, & des Maîtres.

Voici quelques unes des principales maximes d'Ardschir.

Lorsque le Roy s'applique à rendre la justice, le peuple s'affectione à lui rendre obéissance.

Le plus méchant de tous les Princes est celui que les gens de biens craignent, &

duquel les méchans esperent.

Il disoit aussi que l'autorité Royale ne se maintenoit que par des Troupes; les Troupes par l'argent; que l'argent ne vient que par la culture des terres, & que la culture ne se peut faire sans le soin continuel d'observer la Justice & la Police

C'est à Jachi fils de Khaled, que la Maison des Barmecides doit les fondemens de sa grandeur, il avoit réuni en sa personne toutes les vertus civiles & militaires, & le Caliphe Haroun-Rascheid se reposoit du gouvernement de ses grands Etats sur lui & sur ses enfans, que leur merite extraordinaire avoit élevé au Visiriat, & à la faveur du Prince.

Lorsque le Caliphe le fit son Visir, il lui dit: Mon pere je vous donne un colier d'affaires & l'ôte de mon col pour le mettre au vôtre, je me repose de tout sur vous.

Ce haut degré d'élevation de Jachi fit dire à un Poëte :

Ne vois-tu pas que le Soleil étoit malade?

Le Caliphat d'Haroun lui a rendu son éclat.

Haroun est son Caliphe, & Jachi son Visir.

Son fils Giafar, surnommé le Barmecide, tint dix sept ans les resnes de la grande faveur auprés d'Haroun.

Dans les premiers tems de la prosperité, on lui presenta une belle fille esclave, qu'on vouloit vendre : elle lui plut,& il en dona vingt mille

dinars d'or qu'il lui paya d'a
vance.

L'Esclave toute en larmes
dit au vendeur : Vous m'avie:
tant promis que vous ne m
vendriez pas.

Giafar dont la generosit
étoit incomparable, sensibl
aux larmes de la belle Esclave
dit au vendeur : Donez mc
parole qu'elle est libre, & qu
vous l'épousez,& je vous laiss
l'argent que vous avez reç
de moi pour elle, il la donna
l'argent & la belle Esclave de
meurerent au vendeur.

Sans penetrer dans les dif
ferentes causes de la disgrac
de Giafar, les Courtisans s'a
rêterent à celle qui ne paru
que trop.

Le Caliphe avoit une afection tres forte pour sa sœur Guebase ; il eût voulu voir sa sœur plus souvent, mais Guebase retirée dans les appartemens les plus interieurs du Palais, où il n'entroit aucun homme que le Caliphe, étoit un obstacle à ce qu'il desiroit. Pour le lever, il maria Guebase à Giafar ; par ce moyen il pouvoit voir son Favori & sa sœur ensemble.

Mais ce mariage se fit à des conditions bien dures, il leur défendit tout ce qu'il devoit leur permettre.

La vue n'étoit pas comprise dans cette défense, ils pouvoient même se parler, mais toujours devant lui.

Guebafe ne foutint pas longtems la vue & les difcours de Giafar, aimable, amoureux, deftiné pour elle, fans regarder, fans penfer, fans defirer comme lui.

Souvent, non, toujours leurs yeux s'entredemandoient : L'amour n'a-t'il rien de plus doux à nous donner ? renferme-t'il fes plaifirs dans les bornes des regards & des difcours ?

L'excés de leur paffion leur fit entre-voir un bonheur plus tendre, plus fenfible ; perfuadez que ne fut-on qu'un moment heureux, c'étoit toujours l'être.

Qu'elle impatience n'eurent-ils pas à le devenir ? ils le devinrent.

Leur union leur donna un fils qu'on envoya nourir à la Mecque, le Caliphe ne l'auroit peut-être point fçeu, fi Guebafe n'avoit été trahie par une de fes Efclaves.

Le Caliphe trop bien informé de tout, refolut de perdre Giafar & toute fa Famille, fit arrêter les trois Barmecides, & fon Vifir Jachi leur pere; Giafar pouvoit-il fe douter de fa perte & de celle de fa Maifon dans un tems où le Caliphe le combloit de nouvelles graces.

Aprés que leur bone fortune eût été dix-fept ans renfermée dans cette Maison, elle en sortit, & lorsque Jachi vid ses enfans ou tuez ou emprisonnez, sa liberté perdue, tous ses grands biens confisquez, & toutes ses maisons détruites, il dit à ses amis: La puissance & les richesses sont des prêts que la fortune fait aux hommes: contentons nous d'en avoir joui: ne dois-je pas être consolé de mes pertes, moi qui laisse à l'avenir une grande instruction pour ceux qui viendront aprés moi.

Ce Grand homme avoit élevé sa Maison à un tel point de grandeur, que lui & ses enfans disposoient absolument de l'Empire des Caliphes: ils se servirent de toute leur autorité avec tant de sagesse & de moderation, & dispersèrent leurs grandes richesses avec tant de generosité & tant de magnificence, que leur disgrace fut pleurée par tous les grands hommes de leur siecle.

On cite un quatrain Arabique fait à la louange de Jachi, dont le sens est.

J'ai demandé à la Rosée, si elle étoit libre. Elle m'a répondu: Non, je suis esclave de Jachi. Je veux donc vous acheter de lui, repartis-je. Elle me dit: Cela ne se peut, il me possede comme un heritage substitué de pere en fils.

Jachi disgracié & dans une étroite prison, un de ses fils envelopé dans le même desastre, lui dit un jour : Mon pere, pourquoi est-il possible qu'aprés avoir servi Dieu & l'Etat de notre mieux, & fait du bien à tout le monde, nous soyons comme nous sommes?

Jachi lui fit cette réponse: La voix de quelqu'affligé à qui nous aurons fait tort, se sera peut-être fait entendre de Dieu, dans le tems que nous négligions de lui rendre justice.

Il disoit toujours à chacun de ses enfans : Soyez liberal dans le tems de votre prosperité : donnez, vos biens ne diminueront point : donnez aussi dans le tems de votre adversité. Si vous vous abstenez de donner, alors il ne vous en restera rien du tout.

Aprés que le Calphe Haroun eut fait mourir Jachi, on lui trouva un billet, dans lequel il avoit écrit en Arabe :

L'Accusé passe le premier, l'Accusateur le suivra de prés, & ils paroîtront tous deux devant un Juge, auprés duquel les procedures ne serviront de rien : on porta ce billet au Caliphe, qui ne le put lire sans verser des larmes.

Un Poete Persien qui vivoit du tems de Jachi & de ses

enfans, & qui vouloit defabuſer les gens de la Cour, de la vanité des grandeurs du monde & de la faveur des Princes par l'exemple des Barmecides, fit ces quatre vers, en voici le ſens.

Nourriſſon de la fortune, qui ſuccez pendant quelque jours le laict de la proſperité qui coule de ſes mamelles empoiſonnées, ne te vante pas trop du bonheur de ton état pendant que tu es encore dans le berceau ſuſpendu d'une vie toujours en mouvement.

Souviens-toi du tems où tu as vû la grandeur des Barmecides.

Malgré la disgrace où ils sont tombez, les peuples conservent encore cherement le souvenir de ces grands hommes, & cet exemple d'un vieillard appellé Mondir, le dit assez.

LE Caliphe Haroun défendit sur peine de la vie qu'on parlât des Barmecides. Mondir sans égard aux défenses du Caliphe, venoit monter tous les jours sur les ruines d'une de leurs maisons, & là il entretenoit les passans & tout le monde des grandes & des belles actions des Barmecides.

Le Caliphe irrité contre Mondir, le fit venir devant lui, & commanda qu'on le fit mourir. Il entendit avec joye l'ordre qu'Haroun donnoit : mais il lui demanda pour toute grace de pouvoir lui dire deux mots ; ce qu'il lui dit contenoit tant de vives & tant d'éloquentes veritez sur les obligations qu'il avoit aux Barmecides, que le Caliphe fut si touché de son discours qu'il lui pardonna, & lui donna même un vase d'or qu'il avoit prés de lui.

Le plus surprenant de la reconnoissance que Mondir en eut, c'est qu'aprés qu'il eut reçû ce present de la main du Caliphe, & qu'il se fut prosterné devant lui, selon la coutume, il lui dit : Seigneur, voici encore une nouvelle grace que je reçois des Barmecides.

Un Poete parle ainsi des Barmecides.

Que vous faisiez de bie
au monde, enfans de Barmac
& que vous en eussiez encor
fait, la Terre étoit votre épou
se, elle est aujourd'hui votr
veuve.

UN Roy malade, prés de sa fin, sans enfans pour lui succeder, fit son Testament, & donna tous ses Etats à celui qui entreroit au matin le premier dans la Ville ; un Gueux couvert de haillons, & qui n'avoit jamais gagné la valeur d'un pain, fut le premier : les Visirs pour éviter toute jalousie entr'eux, obéirent aux Commandemens du Roi, lui mirent la Couronne Royale sur la teste, lui consignerent les clefs des Châteaux, & des tresors du Prince, & lui remirent entre les mains toutes les affaires du Royaume : Son Regne fut quelque tems assez heureux ; mais un de ses Visirs se revolta, s'unit avec les Rois ses Voisins, lui fit la guerre où il perdit une partie de ses Etats.

Dans ce temps-là, un Gueux, son ancien ami, arriva dans sa Cour, il ne pouvoit assez admirer sa grandeur : dés qu'il put s'approcher de lui, il lui dit : Je me réjouis, & je rends mille graces à Dieu de la grace qu'il t'a faite de t'avoir élevé à la plus haute dignité du monde.

La peine est suivie du repos, les fleurs sont quelquefois séches, & quelquefois épanouies. Les Arbres sont quefois couverts de fruits, & quelquefois dépouillez. On dit que la Fontaine de Jouvence est cachée dans les tenebres.

Mon cher ami, répondit le Roi, console-moi plûtost que de te réjouir avec moi de ma fortune: lorsque nous gueusions ensemble, je n'avois soin que d'avoir du pain; aujourd'hui je suis accablé des affaires de tout le monde, & je me pese à moi-même.

La pauvreté nous fâche. Devenons-nous riches, le soin de conserver & d'augmenter notre bien nous tourmente: Si tu es sage, ne cherche de repos & de felicité qu'en toi-même. Parvient-on à devenir content, on est au dessus des Rois & de tout.

APRE'S que ce grand
Roi de l'Orient Mahmoud, fils de Sebecteghin, eut conquis le Royaume de Soumenat aux Indes, il
eut dessein d'y établir le Siege
de son Empire, qui étoit d'une vaste étendue dans l'Asie:
mais ses Visirs l'en dissuaderent ; & lorsqu'il eut résolu de
retourner en Perse, il chercha
dans le païs quelqu'un de la
race de l'ancien Roi d'Abschelim, pour lui donner ce Royaume à foy & hommage, & à la
charge d'un tribut annuel.

On chercha de toutes parts,
& on ne trouva qu'un seul

homme de cette race, lequel vivoit dans la retraite, aprés avoir abandonné tous ses biens pour vivre en simple Dervis: il fut presenté à Mahmoud, qui fut d'avis de lui donner la Couronne que ses ancestres avoient possedée; mais il se trouva dans son Conseil plusieurs Visirs qui s'y opposerent, on lui representa que c'étoit un homme d'un mediocre genie, lequel avoit choisi de vivre dans l'abjection, & avoit abandonné les soins du monde, & qu'ainsi l'on ne trouveroit en sa personne aucune des qualitez requises à bien gouverner un grand Royaume: ils lui rapporterent sur ce sujet, le proverbe Persien, qui dit que la teste d'un homme accoûtumé d'être dans la poussiere, ne peut plus se redresser par aucune machine; cela veut dire que tout homme habitué à la vie solitaire, n'est plus capable des fonctions de celles du siécle.

Le Sultan Mahmoud, malgré les conseils de ses Visirs, jugea à propos de tirer ce Dervis de sa cellule, pour le mettre sur le Trône : le nouveau Roi n'eut pas plûtost pris possession de la Couronne, & le nom de d'Abschelim, qu'il parut un de ses Parens qui s'étoit caché, & qui prétendit qu'elle lui appartenoit comme au plus proche heritier du dernier Roi.

Le Dervis qui n'avoit aucune experience à la guerre, n'eut point d'autre resource pour se délivrer de cet ennemi, que de prier le Sultan Mahmoud de se saisir de sa personne & de le faire conduire en Khorassan, jusqu'à ce qu'il fût plus autorisé dans son nouvel Etat: qu'alors il le feroit amener pour le tenir prisonnier en la maniere pratiquée de tout temps parmi les Indiens.

La maniere de traiter un prisonnier de cette importance étoit de le mettre dans une grotte obscure, laquelle étoit creusée dessous le Trône même du Roi regnant; on muroit ensuite la grotte, & on y faisoit tous les jours une ouverture pour donner à manger au prisonnier, aprés quoi on la remuroit comme auparavant, & sans qu'on se mist en peine de sçavoir s'il étoit mort ou vivant.

Les Indiens avoient aussi une autre coutume: Lorsqu'un prisonnier de guerre & de grande consideration étoit conduit à la Ville Capitale, pour être enfermé dans cette obscure prison, le Roi alloit au devant de lui quelques journées, & lui presentoit un basfin & une éguiere d'or dont il s'étoit servi, que le prisonnier étoit obligé de porter sur sa teste & à pied, jusqu'au lieu de sa prison.

Le Roi d'Aschelim alloit donc au devant de celui que le Sultan Mahmoud lui envoyoit, pour le traiter de cette maniere, lorsqu'impatient de sa venue, il s'engagea à la chasse qu'il continua jusqu'au plus chaud du jour, qui le contraignit de chercher quelqu'ombrage & de s'y délasser: peu de temps aprés le sommeil le gagna, & il avoit mis un mouchoir de soye pourpre sur son visage pour se garantir des insectes.

Il se trouve dans ce pays là plusieurs especes d'oiseaux de proye, ils ont le bec aigu & les serres fortes & tranchantes; un de ces oiseaux prit le mouchoir pourpre qui étoit sur le visage du Roy endormi, pour quelque proye, fondit dessus avec une telle rapidité, qu'avec son bec & ses serres il creva les yeux du Roy.

Ce déplorable accident, qui devoit exciter une extrême compassion dans ses Sujets, causa un effet tout contraire: ils jugerent d'abord ce Prince incapable de regner par la perte qu'il avoit fait de la vûe, & resolurent en même tems de donner sa Couronne à celui qu'on lui amenoit prisonnier, & qui étoit de la même famille Royale de Dasbechelim.

Ce changement ne se pouvoit faire qu'on ne s'assurât de sa personne, ils prirent l'éguiere & le bassin destinez pour le prisonnier, & les mirent sur la tête de ce pauvre Prince aveugle, qu'ils conduisirent en cet état à la prison preparée pour son ennemi.

Ce Roy infortuné, dans ses reflexions sur un si cruel & si inopiné revers de fortune, versoit de ses yeux crevez, du sang au lieu de larmes, & il exprimoit sa douleur par ces paroles : Par les larmes de mes yeux, par la playe de mon cœur, la terre dont je suis paîtri se consume par le feu & se refout en eau dans le même instant.

Dieu soit toujours loué de ce qu'il a voulu qu'en si peu de tems, je me sois trouvé en deux états si contraires.

Celui qui creuse dans le chemin d'un autre un puits pour l'y faire tomber, s'ouvre souvent par son imprudence un chemin sous terre pour s'ensevelir.

246   GULISTAN

CHAPITRE X.

LES DEUX PALMIERS

LE Caliphe Haroun-Al-Rascheid parti pour aller à Suse, eut un flux de sang.

Le Medecin lui conseill[a] de manger de la mouelle d[e] palmier, il ne se trouva qu[e] deux palmiers sur la côte d[e] Chalvane : le Caliphe en f[it] couper un, en mangea [la] mouelle, & guerit.

Quelque-tems aprés il r[e]passa sur cette côte, il v[it]

l'autre palmier debout, & tout auprés celui qu'on avoit coupé, le sens de ces vers étoit gravé deſſus.

Portez-moi bonheur, les deux palmiers de Chalvane.

Arrachez-moi aux infortunes de ce tems.

Portez-moi bonheur, demeurez, vivez enſemble.

Si vous me portez malheur, le plus grand des malheurs vous arrivera, vous ferez féparez, vous mourrez.

Haroun fut touché de cette avanture, & dit: Que ne vous ai-je épargné tous deux.

Si j'euſſe lû ces vers, je n'aurois pas fait couper le palmier, m'en euſt-il dû coûter tout mon ſang.

JAMAIS Prince ne fut plus attaché à ses plaisirs, & moins appliqué aux affaires de son Etat que le Caliphe Amin, fils d'Haroun-Al-Rascheid, auquel il avoit succedé : il étoit encore jeune, son pere le voulut un jour contraindre d'étudier, il écrivit ces deux vers.

Tout occupé de mes amours,
Cherchez quelqu'autre pour
l'étude.

Il étoit à peine parvenu à la succession des grands Etats de son pere, qu'il commença son regne par ôter à son frere Almamon le droit qu'il avoit aprés lui au Caliphat, & que Haroun par une declaration expresse avoit fait attacher au Temple de la Mecque, & à faire proclamer son propre fils, âgé de cinq ans, son successeur sous le nom de Natek-billah, qui signifie, qui parle selon Dieu, & selon la verité. Plusieurs se moquerent de cette proclamation, & nommerent cet enfant Nathabillah, c'est-à-dire, celui qui par la grace de Dieu commence à parler.

Il appella Almamon à la Cour, sous pretexte de se servir de ses conseils: mais ce Prince irrité de l'injustice d'Amin, & d'ailleurs plein de soupçons assez bien fondez, de son mauvais dessein, au lieu de venir à Bagdet, fit rompre les postes, ôta toute communication entre cette ville & le Khorassan où il étoit, & lui fit sçavoir que comme Haroun son pere lui avoit confié le gouvernement de cette Province, que tous les desordres qui pouroient y arriver en son absence, lui seroient imputez, & qu'il croyoit que l'utilité de son service vouloit qu'il ne vinst point à la Cour.

Amin par cette réponse comprit la défiance de son frere, qu'il auroit fait arrêter s'il fût venu, rompit toutes mesures avec lui, lui declara la guerre, assembla son armée, avec ordre au General de combattre Almamon & de le prendre.

Almamon aprit la marche de l'armée d'Amin, sçut gagner par sa douceur & par ses bien-faits les vieilles troupes de son gouvernement, & les donna à commander à Tacher, qui prévint l'armée d'Amin, penetra jusqu'au centre de ses Etats, & qui suivi de quatre mille hommes, surprit dans son camp Issa, qui commandoit l'armée d'Amin, le défit, & envoya sa tête au Prince Almamon.

Cette journée memorable fut le commencement de la

grandeur d'Almamon : son armée victorieuse, séparée en plusieurs corps, vint s'étendre sur les deux bords du Tigre, & vint se rejoindre à la vue de Bagdet, où le Caliphe Amin vivoit aussi tranquile que dans une profonde paix, toujours endormi pour les affaires, toujours éveillé pour le repos & pour les plaisirs.

Il sentit si peu de quelle importance étoient pour lui les grands progrés d'Almamon, que le jour qu'il sçut la défaite de son armée, & qu'il étoit à la pêche, il dit : Qu'on ne me trouble point dans mon divertissement : Khouter mon Afranchi, a déja pêché deux gros poissons, & je n'ai encore rien pris.

La stupidité de ce Prince alla bien plus loin : l'armée d'Almamon avoit déja commencé ses attaques, & pris un poste considerable, on trouva le Caliphe qui jouoit paisiblement aux échecs: il dit à ceux qui vouloient lui faire prendre les armes pour animer par sa presence le courage des assiegez : Laissez-moi en repos, ne voyez-vous pas que je suis prêt de faire un beau coup, & de donner échec & mat à celui avec qui je joue.

On le vid si peu capable de gouverner l'Etat, que ses propres Sujets le déposerent : mais un évenement qu'on ne prévoyoit pas, le remit sur le trône : les troupes d'Almamon gagnées par l'argent d'Amin, se mutinerent & leverent le siege de Bagdet : mais son bonheur dura peu, Tacher & Artamah, second General d'Almamon, trouverent moyen, par des sommes considerables, de remettre l'armée dans le devoir, de recommencer le siege de Bagdet, & de contraindre Amin à se rendre, & de se livrer entre leurs mains : Et Tacher le fit tuer pour s'être plûtôt confié à Artamah qu'à lui.

MARUAN Poete Arabe & le plus illustre de son tems, presenta un de ses ouvrages au Caliphe Hadi. Ce Prince bon conoisseur, & dont il nous reste quelques Poesies, trouva le Poeme de Maruan fort beau, & lui dit : Chosissez de toucher trente mille dragmes d'argent, ou d'en avoir cent mille aprés que vous aurez passé par toutes les formalitez & remises des Finances.

Le Poete lui repartit: Trente mille comptant, & cent mille avec le tems.

Cette repartie fut si bien

reçue de Hadi Prince liberal, qu'il lui fit payer comptant les cent trente mille dragmes.

CHASAN se revolta contre le Sultan Malcosas, prit quelques places dans la Gageme & dans la Ditame, engagea dans son parti grand nombre de mécontens: ses troupes ne cherchoient que les combats, & tous s'envioient la gloire de suivre ses commandemens avec une obéissance aveugle.

La révolte & les heureux succés de Chasan surprirent Malcosas: il envoya lui commander de venir se soumetre, & de le menacer de la perte de sa tête s'il n'obéissoit.

Il fit partir un homme de confiance, qui trouva Chasan sur la terrasse d'un château, & quelques uns de ses Officiers prés de lui.

Cet Envoyé lui commanda de venir se soumetre au Sultan, & le menaça de la perte de sa tête, s'il n'obéissoit.

Chasan aprés l'avoir écouté, dit à un jeune Officier de se tuer, il se tua: un autre eut ordre de se jetter de la terrasse en bas, il se jetta.

Ensuite il dit à l'Envoyé: La mort de ces deux hommes te doit faire juger du dévouement de soixante & dix mille autres, qui périront tous pour me conserver la grandeur où je me suis élevé. Voilà ma réponse au Sultan.

L'Envoyé rendit compte au Sultan Malcofas d'une cruauté jufqu'alors inouïe, & de ce que Chafan l'avoit chargé de lui dire.

Le Sultan pouvoit marcher à lui, & le combatre; mais des guerres plus importantes à terminer l'appelloient en d'autres regions, & le contraignirent de laiffer ce détestable rebelle impuni.

Le Caliphe Haroun aimoit les hommes doctes, Khetir-Ben Amar étoit de son tems & de sa Cour, & il étoit profond dans les sciences & d'une vertu exemplaire.

Le Caliphe le pria de lui dire en peu de mots quelque chose qui put l'édifier, il lui dit: Le modeste dans sa grandeur, le liberal de ses biens, le juste dans son gouvernement, Dieu l'a écrit sur le livre de ses Elus.

Un autre jour le Caliphe le pria encore de lui ouvrir quelque sentiment utile à son salut, il lui dit: Si vous aviez besoin d'un verre d'eau, & qu'il vous fallût donner la moitié du monde pour l'acheter, l'acheteriez-vous à ce prix?

Le Caliphe répondit qu'il l'acheteroit à ce prix.

Il lui demanda encore, & si vous étiez dans quelque souillure défendue par la Loy, donneriez-vous l'autre moitié du monde pour l'éfacer?

Le Caliphe répondit qu'il le feroit.

Il suivit son discours, & lui dit ces paroles: Vous voyez comme Dieu a rendu le monde méprisable & digne d'horreur; cependant vous achetez avec un verre d'eau, ce qu'il y a de plus horrible & de plus pernicieux.

La valeur de Magan fils de Zaid le Sibanien, est passée en proverbe.

Le Caliphe Almanzor le fit Gouverneur de l'Arabie heureuse, & depuis de Corassan & de la Drabigene.

Aprés sa mort un Poete en parle ainsi.

ELOGE FUNEBRE.

L'Honeur de la Maison de Sibane le fils de Zaid le Sibanien Magan, n'eut que de deux especes de jours, jours de conseil, & jours de combat.

Es deux freres aînez du Sultan Fakchreddoulat, le chasserent de ses Etats de Hamadan & de Rei, & le contraignirent de se refugier chez le Roy du Tabarestan : ses freres l'y poursuivirent à la tête d'une puissante armée.

Le Roy & lui, trop foibles pour s'opposer à de si grandes forces, se retirerent dans le Khorassan, où Timurtache Gouverneur de cette grande province, leur promit un asile inviolable.

Fakchreddoulat étoit encore dans le Khorassan lorsqu'il apprit la mort de Moviad son frere aîné. Cette mort ne l'auroit jamais fait rentrer dans ses Etats, si Ebnabad Visir de Moviad, & dont l'autorité étoit tres grande, n'eût fait assembler le Conseil, résoudre qu'on appelleroit Fakchreddoulat à la succession, & qu'on ne le fist venir.

Ce Prince vint en toute diligence à Ispahan, prit possession du Royaume de Perse, & confirma d'abord Ebnabad dans sa Charge de Visir, dont il s'étoit acquité avec tant de réputation sous le regne precedent.

Ce Prince a donné un des
Z

plus grands exemples de reconnoissance & de generosité qu'on puisse lire dans l'histoire.

J'ai dit qu'il s'étoit refugié dans le Khorassan : & j'ai encore à dire que Timurtache ne put jamais consentir à livrer Fakchreddoulat à ses freres, & qu'il le fit entretenir avec toute la grandeur due à son Rang, & avec toute la magnificence possible.

Timurtache disgracié par le Roy du Tabarestan, vint se refugier chez Fakchreddoulat. Ce Prince le reçut avec une si éclatante, & si genereuse magnificence, qu'il lui ceda son Palais & la ville d'Asterabad, Capitale du Giorgian, où il resodoit alors, lui assigna tout le revenu de cette grande Province pour son entretien ; lui fit de tres riches presens : & entre-autres un de cent chevaux, dont les harnois étoient d'or.

Son Visir Ebnabad fut surpris d'une si excessive liberalité, qui sembloit passer les justes bornes de la reconnoissance : mais ce Prince lui fit un détail si veritable & si touchant de ses malheurs, & lui dit avec une si vive joye comme il avoit été reçu de Timurtache, que le Visir avoua que la reconnoissance du Sultan étoit encore beaucoup au dessous des bienfaits de Timurtache, dont l'état present furpaffoi[t] de bien loin fa premiere fortune, & qui mourut de la pefte qui ravagea tout le Giorgian & defola toute la ville d'Afterabad.

Le Vifir Ebnabad malade à l'extrémité, le Sultan alla chez lui & voulut recevoir fes derniers confeils. Ce fage Miniftre dit à fon Prince : Graces à Dieu, Seigneur, par le bon ordre que j'ai mis dans vos Etats, on y voit la Juftice agiffante, incorruptible, & la regle de vos Finances fidele, fans être fevere : voulez-vous vous donner toute la gloire de cette conduite ? Faites obferver le même ordre aprés ma mort : si vous le negligez, si le relâchement s'y glisse, & si la corruption s'y jette, j'en aurai moi seul toute la gloire, & vos Peuples diront qu'on me doit tout ce qui s'est fait de juste, de grand, & de memorable dans le tems de mon Ministere.

Ces paroles firent d'abord quelque impression sur l'esprit de Fakchreddoulat : mais peu de tems aprés la mort de son Visir, il se laissa gouverner par ses Favoris & par ses Domestiques, les Finances furent dissipées, l'injustice & la violence regnerent : on regreta le Visir, on loua toujours sa prudence.

ALBUMASAR le plus grand Astronome de son tems, vint à Bagdet sous le regne du Caliphe Almamon. Ce Prince pour éprouver sa science, fit cacher un des siens & le fit asseoir sur un mortier d'or, posé dans un bassin plein de sang, & lui demanda où cet homme pouvoit être.

Albumasar, aprés avoir fait ses Observations Astronomiques, lui répondit: Je le vois placé sur une montagne d'or, au milieu d'une mer de sang.

On raporte qu'une Dame perdit le cachet de sa bague,

& qu'Albumafar, qu'elle regarda en ce moment, lui dit auſſi-tôt: Que le Scel de Dieu avoit pris le ſien.

Aprés qu'elle eut longtems cherché ſon cachet, elle le trouva dans ſon Alcoran. C'eſt le livre que les Muſulmaniſmans nomment le Cachet & le Scel des Promeſſes de Dieu, comme ils appellent auſſi Mahomet le Sceau des Prophetes.

LE Caliphe Selimane étoit bien-fait, avoit bonne mine, & tous les traits aimables. Il se regardoit un jour au miroir, transporté de joye de se trouver si beau, il s'écria: Je suis le Roy des beaux hommes.

Une de ses Favorites, lui dit: Ouy, charmant Prince, Maître d'un grand Empire, & Prince aimé; mais la beauté n'a qu'un tems.

De tous les défauts des hommes vous n'en avez qu'un: Vous êtes mortel.

Selimane surpris, chagrin, arracha son Diadême, & depuis ne vécut que peu de jours.

ABOURIHAN avoit voyagé quarante ans aux Indes, il excelloit dans la Geometrie & dans l'Astronomie, il vint à la Cour du Sultan Mahmoud, qui voulut éprouver ce qu'il sçavoit faire; il lui donna audience dans un sallon ouvert de quatre côtez, & lui demanda s'il devineroit bien par où il sortiroit.

Abourihan écrivit ce qu'il pensoit, & le cacha sous le coussin du Sultan.

Aussi-tôt Mahmoud commanda qu'on abatit une partie du mur du salon, par laquelle il fortit. On trouva dans le billet, que le Sultan devoit fortir de ce Sallon par une bréche.

En même tems Mahmoud dit: Qu'on jette ce Magicien par la fenêtre; il y fut jetté: mais le Sultan avoit fait preparer fous la fenêtre du fallon une douce pente de planches, par laquelle il gliffa, fans fe faire aucun mal.

Mahmoud le fit remonter & lui dit: Vous n'aviez pas prévû cet accident: mais Abourihan fit apporter fes Ephemerides, & on trouva dans la Direction qu'il avoit dreffée de ce même jour, que cet accident y étoit marqué.

DES MOEURS DES ROIS. 275

BAHALUL vivoit sous le regne de Haroun Rascheid, & passoit parmi les Musulmans pour Saint, ou pour insensé. Il avoit beaucoup d'esprit, le Caliphe s'en divertissoit souvent, & lui donnoit toute sorte de liberté, il lui commanda un jour de faire la liste des fous de Bagdet.

Il répondit que cela n'étoit pas si aisé à faire: mais que s'il lui commandoit de faire la liste des sages, il en viendroit aisément a bout.

Quelqu'un lui dit pour se divertir, que le Caliphe lui

avoit donné la Charge des Ours, des Loups, des Renards & des Singes de son Empire.

Bahalul lui répondit : Dites qu'il m'a donné la Charge de ses Etats, & que vous estes tous devenus mes Sujets.

Un autre lui demanda : pourquoi le jour venu tout le monde se leve, & que chacun va d'un côté & d'autre ?

Il répondit : La raison en est claire, si chacun alloit du même côté, tous les hommes se rencontreroient, & le monde se renverseroit sans dessus dessous.

Bahalul entra un jour dans la salle des Audiences du Caliphe. Le Trône étoit vuide, il s'y plaça ; les Huissiers irritez de son insolence, l'en chasserent à coups de canne : Bahalul se prit à pleurer. Haroun entra dans ce moment, & demanda le sujet de ses larmes.

Les Huissiers lui dirent ce qui étoit arrivé & qu'il pleuroit pour quelques coups qu'il avoit reçus.

Bahalul prit la parole, & dit au Caliphe : Je ne pleure pas pour les coups que j'ai reçus ; mais je pleure de compassion que j'ai pour vous, quand je considere que si pour m'être assis une seule fois de ma vie sur le Trône, j'ai reçu un petit nombre de coups, combien faut-il que vous en enduriez pour vous y asseoir tous les jours?

Le Caliphe lui dit un jour: Pourquoi ne te marie tu pas comme tous les autres hommes? Tu aurois de la compagnie, quelqu'un prendroit soin de toi, & tu ne vivrois pas seul comme une beste: je veux te donner une femme jeune, bien faite, & qui t'aportera du bien.

Bahalul entraîné par les raisons, & par l'autorité du Caliphe, consentit au mariage.

Les nôces faites, il se mit au lit avec sa femme: il n'y fut pas plûtôt, qu'il crût entendre un fort grand bruit dans le ventre de sa femme. Ce bruit l'effroya si fort, qu'il sortit du lit, de sa maison, de la ville, & se sauva.

Le Caliphe sçut ce qui s'étoit passé : il le fit chercher, on le trouva, & il lui fut amené. Ce Prince lui fit d'abord une terrible reprimende, & lui demanda ce qui l'avoit obligé d'en user ainsi.

Seigneur, répondit-il, quand vous m'avez donné une femme, vous m'avez promis que j'aurois toute sorte de satisfaction avec elle, cependant mes esperances m'ont bien trompé, je n'ai pas été plûtôt au lit avec elle, qu'il m'a semblé entendre un tres grand bruit dans son ventre: je me suis rendu plus attentif à ce bruit, & j'ai entendu plusieurs voix ; l'une lui demandoit une chemise, un bonnet, des souliers & un habit; l'autre vouloit du pain, du ris & de la viande : je n'ai jamais entendu tant de cris & tant de pleurs. Les uns rioient, & les autres s'entrebatoient: Qui ne se seroit point épouventé comme moi ? j'ai crû qu'au lieu du repos que je pensois trouver, je deviendrois infailliblement plus fou que je ne suis, si je demeurois un moment de plus avec ma femme, & que je fusse pere d'une grosse famille.

SIPHOLDULE Prince d'Alep, jouissoit du repos que la paix donne, lorsqu'un Carmathe se fit déclarer Prince d'Alep: cet Avanturier suivi d'un grand nombre d'Arabes, vint attaquer la ville d'Emesse, dont Abuavile cousin de Sipholdule, étoit Gouverneur.

Abuavile sortit à la tête de ses meilleures troupes: le Carmathe vint fondre sur lui avec toutes les siennes, & le prit prisonnier.

Cette nouvelle sçue par Sipholdule, il marcha au Carmathe, qui ne tint pas devant lui. Ce Prince auroit eu plus de honte de l'avoir batu & pouffé jufqu'aux portes de Damas, s'il n'eût repris Abuavile, & vu la tefte du Carmathe à fes pieds.

Il la fit mettre fur une pique, & rentra dans Alep dix jours aprés en être forti.

Cet évenement fit dire de lui à un Poete : Il a délivré Abuavile du tranchant de l'épée : il nous le ramene avec la face tronquée du cruel, qui nous regarde encore de travers : il revient & fait marcher devant lui la tefte du Carmathe, qui n'a pour corps qu'une pique enfanglantée de fon fang.

La valeur de Sipholdule a longtems brillée chez les Orientaux : ce Prince cherchoit moins le combat & la victoire, pour augmenter sa réputation & ses Etats, que pour ajouter de nouveaux triomphes à la Loi du Tout-Puissant : il étoit juste, genereux, liberal, prévenant, ami des belles Lettres : sa Porte étoit le rendez-vous de la Poesie, de l'esprit, & du merite.

Il faisoit bien des vers : sa passion pour une de ses Favorites, enviée des autres, lui fit craindre qu'on ne l'empoisonât. Pour plus de sureté il la mit dans une Place forte, & lui envoya ces vers :

Quelques tourmens que nos ames éprouvent,
Il faut nous arracher à nos doux entretiens :
Des yeux jaloux vous cherchent dans les miens,
Que je crains leur fureur, toujours ils vous y trouvent.

LE Sultan Mohamed remit le calme dans ses Etats aprés avoir exterminé une nouvelle secte d'impies, & porta ses armes aux Indes, où il fit de grandes conquêtes.

Ce Prince tres zelé pour le Mahometisme, y démolit plusieurs Temples, & y trouva une Idole de pierre, qui pesoit plus de quatre cens quintaux : elle étoit l'objet de la plus grande veneration de tous les Peuples infideles, & il donna ordre qu'on l'enlevât pour leur ôter ce sujet d'idolatrie.

Sur le point qu'on la transportoit, les Indiens vinrent le trouver, & lui offrirent, pour la racheter, un poids égal tant en pierreries, qu'en autres choses d'un tres grand prix.

Un Prince avare & moins religieux que Mohamed, auroit sans doute accepté cette proposition : mais il rejetta cette offre, & dit : Je ne veux pas qu'on puisse dire à l'avenir qu'Azar* étoit un Faiseur d'Idoles, & que Mohamed en fût un Marchand : il commanda aussi-tôt qu'on transportât l'Idole à Hispahan, pour servir de Trophée à ses victoires, & il en fit faire le seuil de la grande porte du superbe College qu'il y faisoit bâtir, où il avoit choisi sa sepulture, pour être un monument éternel de sa pieté, & une détestation perpetuelle de l'idolatrie.

Le Sultan Mohamed n'étoit âgé que de trente-six ans lorsqu'il mourut, & n'en avoit regné que treize : avant sa mort il déclara pour son successeur son fils Mahmoud ; & dans le tems qu'il étoit à l'extrémité, il lui commanda de prendre le Diadême Royal.

Mahmoud refusa de le faire, & lui dit que ce jour-là n'étoit pas heureux pour commencer son Regne. Mais son pere lui repliqua : S'il n'est pas heureux pour moi, il l'est pour vous.

L E Caliphe Haroun-al-Rascheid mourut à quarante sept ans, aprés en avoir regné vingt-trois: il vivoit du temps de Charlemagne, lui envoya des presens, & partagea comme lui dés son vivant ses Etats à ses trois fils.

Ce Prince étoit grand, bienfait, de bonne mine: Ne l'eût-on jamais vu, dés qu'il paroissoit, fût-il environé de Favoris & de Courtisans, on se disoit: Voilà le Maître de tous.

On le surnomma le Juste: il avoit l'esprit ferme, lumineux: ses combats, sa gloire, ses conquêtes n'avoient rien ôté à la moderation de son ame.

Fidelle, ardent aux devoirs de sa Religion, il faisoit cent prieres par jour, & jamais une sans s'être prosterné.

Dans ses huit voyages de la Mecque il portoit cette inscription à son chapeau.

PELLERIN ET GUERRIER.

Il y menoit avec lui cent hommes d'esprit & de sçavoir.

Pas-un Caliphe n'a vu à sa porte un aussi grand nombre de sçavans qu'on en voyoit à la sienne.

Asmai raporte cette circonstance de ce Prince, qui lui

fit cette grande leçon de prudence & de sagesse lorsqu'il le prit pour Precepteur.

Je le trouvai, dit-il, un jour tout en larmes, il lisoit un livre qu'il me jetta ; c'étoit un Poeme d'Abulguebahy, dont voici le sens.

Il n'a sçu se faire obéir de ses nombreuses armées.

Il a vu sa puissance au nombre de celles que la fortune a détruites.

Es-tu frappé de cet exemple ?

Ses Sujets, ses Visirs, ses amis l'ont abandonné.

Tout ce qu'il avoit de grand, d'aimable, a disparu.

Où sont les Rois, où sont les Peuples ?

Ils ont passé par le chemin où tu passe.

Y fais-tu reflexion?

O toi ami du monde, aimé du monde, charmé de son bonheur, ébloui de ta gloire, pense à te saisir d'abord de ce que la vie a de précieux & de pur.

Elle est glissante, rien ne s'y peut affermir.

L'instant le moins prévu est celui de la mort.

Par le Souverain Estre que j'adore, dit le Caliphe, il semble que tout cela parle à moi.

Il ne vécut pas longtems depuis.

Son Sceau avoit pour legende:

La Grandeur & la Puissance appartiennent à Dieu.

Quoiqu'il eût refusé d'écouter sa clemence, dont les conseils eussent défendus la fortune & la vie des Barmecides, ses Ministres & ses Favoris, sacrifiez peut-être à des ressentimens trop legers: On l'a mis au rang des meilleurs, des plus éclairez, des plus grands Princes du Musulmanisme.

☞ C'est de sa pieté, de sa justice, de sa valeur, de sa liberalité, de son attention au soulagement des pauvres, de son goût exquis pour les belles Lettres & pour toutes les Sciences, qu'il tient un nom que la mort ne sçauroit éfacer.

Nasar, Commandeur des Fideles, fut tué par les Turcs de sa Garde à la vue d'Alep Capitale de ses Etats: tout jeune encore il avoit joüi des vertus necessaires à former les grands & les bons Princes: son Poete, fils de Chebuse, fit un Poeme à sa louange, en voici quelques pensées.

C'est à l'immortalité que le destin conduit une belle vie: vos derniers jours ne finiront point la vôtre: les grandes ames qu'une souveraine autorité ne peut corrompre, se rendent facile ce qui sembloit impossible. Par vos soins les infortunes des Provinces ont disparues : le repos & le bonheur y regnent : la terre ne voyoit sur elles aucune de ses nuées, présages des saisons fertiles, vous y avez versé la pluye d'or : autant de goutes, autant de ruisseaux.

Vous avez rendu inseparable ce que vous avez uni en vous.

Votre conscience est la crainte de Dieu, votre liberalité, & des biens à souhait : votre discours & le bon sens, votre dessein & l'éfet : vous estes le grand asile des oprimez, vous partagez votre felicité avec eux.

Quelque tems aprés le même Poete lui fit presenter des vers qui disoient : Le Commandeur des Fideles m'a donné mille dinars d'or : je ne les ai plus, il m'en donnera mille autres.

Il répondit : Par le Tout-Puissant, s'il eût dit : Nasar m'en donnera deux mille autres, il les auroit eu.

Nasar lui fit porter mille dinars d'or dans un bassin d'argent.

D'autres Poetes sçurent ce present, & firent donner ces vers au Prince; je ne rends que leurs pensées :

Une troupe de pauvres Poetes attend à votre riche porte : secourez-nous, la dixme du don que vous avez fait au fils de Chebuse, nous suffira. Entre nous & lui la difference du merite n'eſt pas grande ; mais il eſt heureux, & toute comparaiſon le bleſſe.

Ce Prince leur fit donner la dixme de ce qu'il avoit donné au fils de Chebuse, & jura que s'ils euſſent dit: Donnez-nous autant qu'à lui, qu'il leur auroit donné.

OMAR fut le premier des Caliphes qui data de l'an de l'Hegire, & le premier qui se fit apeller Commandeur des Fideles. Il étoit juste & d'une piété exemplaire : il distribuoit tous les Vendredis à ses Officiers ce qui se trouvoit d'argent dans l'Epargne, en cela different d'Abubacre son predecesseur, qui préferoit le merite au besoin ; pour lui il disoit que l'argent ne devoit servir qu'aux necessitez de la vie, ainsi le besoin étoit le premier secouru.

Il se rendit Maître de Jerusalem, il y fit publier cette Ordonnance.

Au nom de Dieu, clement & misericordieux, Omar fils de Chetabe, aux Habitans de la ville d'Ælius: vos personnes, vos femmes, vos enfans, vos biens, sont en toute sureté; vos Eglises ne seront ni prophanées, ni démolies.

Dés qu'il fut entré dans la ville, il s'assit au milieu du Chœur de l'Eglise de la Resurrection, & l'heure de la Priere venue, il dit: Je veux faire ma Priere.

Le Patriarche lui répondit: Seigneur, Commandeur des Fideles, faites la où vous êtes.

Il repartit: Ce n'est pas mon dessein.

Il se leva, il sortit de l'Eglise, fit sa Priere sur les degrez de la porte, s'assit, & dit au Patriarche : Si j'eusse fait ma Priere dans l'Eglise, les Musulmans l'auroient prise pour eux, & eussent dit : Omar à fait ici sa priere.

Ensuite par une Ordonnance autentique, il leur défendit de faire les criées pour s'y assembler ; mais il leur permit de prier Dieu sur les degrez un à un.

Omar, à qui Dieu fasse paix, dit au Patriarche : Enseignez-moi quelque lieu pour y bâtir une Mosquée.

Le Patriarche lui montra la roche, où Dieu avoit parlé à Jacob.

DES MOEURS DES ROIS. 301

Omar y fut, y trouva quantité de terre, en prit dans le pan de sa robe : tous les Musulmans à son exemple en emporterent aussi, & n'en laisserent point sur la roche, où le Caliphe commanda qu'on bâtit la Mosquée.

Il voulut aller à Bethlehem, il entra dans l'Eglise, & fit sa priere dans la creche, où est né le Seigneur Messie,* & commanda qu'aucun Musulman n'y priât que l'un aprés l'autre, avec défenses de s'y assembler, ni d'y faire les criées.

Peu de Caliphes ont eu les mœurs plus naturelles & plus douces que celles du Caliphe Haſſan, fils aîné d'Ali : il ne s'en eſt gueres vû de plus fidele aux ſentimens & aux actions de pieté : il a fait vingt-cinq fois à pied le pelerinage de la Mecque, il a donné deux fois tout ſon bien : & trois fois il l'a partagé avec Dieu

Oussain demanda un jour à Ali son pere, s'il l'aimoit.

Ali lui répondit, qu'il l'aimoit tendrement.

Houssain lui demanda encore, s'il aimoit Dieu :

Ouy, repartit Ali ; & je ne sçaurois l'aimer d'un amour assez grand & assez pur.

Houssain lui dit : Deux amours ne peuvent tenir dans un même cœur, & Dieu n'a pas donné deux cœurs à l'homme.

A ces paroles Ali s'attendrit, & pleura.

Houssain touché des larmes

de son pere reprit la parole, & lui dit, pour le consoler : Si vous aviez à choisir, de l'infidelité envers Dieu, ou de ma mort, que feriez-vous ?

Je choisirois de vous donner plûtôt la mort, que d'abandonner un moment Dieu, repartit Ali.

Vous pouvez donc connoître par cette marque, repliqua Houssain, que l'amour que vous avez pour moi, n'est qu'une tendresse naturelle, & que celui que vous avez pour Dieu est un veritable amour.

Fin des Mœurs des Rois.

REMARQUES
SUR
LA PREFACE.

Es Mahometans ne commencent, ni ne finissent aucun Ouvrage sans invoquer le saint Nom de Dieu.

Les anciens Perses adoroient le Feu.

Bucalmon premier Inventeur des Broderies à fleurs naturelles.

Locman, surnommé le Sage, étoit Abissin, & de la

race des Esclaves noirs : il fut vendu pour tel du tems de David & de Salomon au dire des Mahometans : Il a fait un Livre de Proverbes & d'Apologues. David avoit une grande estime pour Locman, dont il admiroit l'esprit, l'humilité, & la sagesse.

Abou veut dire pere : ebn, ou ben, fils.

SUR LE GULISTAN.

LE Prophete Jahia eſt Saint Jean-Baptiſte: les Mahometans avoient une grande veneration pour lui : ils venoient de toutes parts faire leurs prieres à Damas dans un Temple, qui portoit le Nom de ce grand Saint.

Sciachos, petit animal aimé du Lion.

Karum, les Mahometans apellent ainſi Coré, qu'ils diſent avoir été couſin germain de Moïse : il refusa de payer la dixme de ses biens comme la payoient les autres Israelites, quoiqu'il fût le plus riche de son tems. Il se revolta contre Moïse, qui par le pouvoir que Dieu lui avoit donné, commanda à la Terre de s'entrouvrir & d'engloutir Karum. La Terre s'entrouvrit, & engloutit Karum.

Nouschirvan l'ancien Cosroes, Roy de Perse, Prince dont le souvenir de sa justice & de sa liberalité ne s'éfacera jamais.

Dinar d'or, du poids du Sequin de Venise.

Les Arabes du desert ont plus l'esprit de vivacité que

les autres : quelques-uns croient entendre le cri & le chant des Oiseaux.

Asfendiar, Rostan, les deux plus grands Heros de la Perse.

Carmathe, nom d'une Secte, que les Mahometans traitoient d'impie & d'athée.

Les Ghetéens, Peuples de Tartarie : Tamerlan étoit né à Ilgar, prés de la Caffe, ville à une journée de Samarcande.

Azar, pere d'Abraham Sculpteur, & Idolatre, au dire des Mahometans.

L'Empereur Adrien changea le nom de Jerusalem en celui d'Ælia: il l'apelloit Ælius.

Le Seigneur Meſſie, c'eſt le nom que les Mahometans donnent à notre Seigneur Jeſus-Chriſt.

Fin des Remarques.

FAUTES A CORIGER.

Page 22, *lisez* il le fit prendre, *p.* 71, *l.* de l'eau amere, *p.* 63, *l.* Rafcheid, *l.* des autres, *l.* les plus moderez, *l.* si tu tiens, *p.* 66, *l.* en voir la preuve, *p.* 71, *l.* tu a, *p.* 74, *l.* laver ses mains, *p.* 100, *l.* autres vertus, *p.* 102, *l.* il lui dit, *p.* 105, *l.* au sepulcre d'Ali, *p.* 110, *l.* de ce qu'il a plû à Dieu me donner, *p.* 113, *l.* d'abord il n'osoit, *p.* 131, *l.* Baharan, *l.* où il prit, *l.* la Dilame, *p.* 160, *l.* une grande somme, *p.* 165, *l.* piquée, *p.* 184, *l.* aimé, *p.* 191, *l.* fait, *p.* 221, *l.* Giafar, *p.* 250, *l.* imputez, qu'il croyoit, *p.* 257, *l.* & le menacer, *p.* 265, *l.* & qu'on le.

www.ingramcontent.com/pod-product-compliance
Lightning Source LLC
Chambersburg PA
CBHW070856170426
43202CB00012B/2101